ビジネススクール
で学ぶ人材育成

「多面思考」で個性を活かす

早稲田大学ビジネススクール客員教授
ILD代表

大島 洋
Yo Oshima

日本経済新聞出版社

はじめに

　激しい環境変化と競争の中、企業の"持続的競争優位構築"の基盤である「人材育成」の重要性は、ますます高まっています。にもかかわらず、企業の現場では、これまでの人材育成手法が機能不全を起こすと同時に、短期成果重視の流れにより、人材育成への取り組みが後手に回る傾向が強まっています。その結果、多くの企業では、人が育たない現実が日々深まっています。

　ここで必要なことは、今一度、原点に立ち返り"人材育成の基本原理"を押さえ直すこと、その上で、働く人材の多様化を踏まえた人材育成の打ち手を取り入れ、一人ひとりの個性が活きる育成の取り組みを実践していくことに他なりません。

　そうした取り組みを進めるうえで重要な鍵を握るのが、"物事を様々な角度や切り口からとらえ、複数の側面から考える多面思考"です。

　本書では、このような認識にもとづき、"人材育成の原理原則を体系的に示す"とともに、持続的な組織成果の最大化へ向け、働く人材が多様化する現実を直視し、"多面思考の活用により効果的な人材の育成を実現していくための考え方"を明らかにします。そうすることで、1人ひとりの特徴を活かし、企業が継続的成長の基盤を築くことに寄与したいと考えています。

　こうしたねらいに基づき、本書は、以下の基本構成をとっています。まず第Ⅰ章では、企業における人材育成の現状と課題を明らかにし、直面する人材育成課題を解決するうえでの多面思考の重要性を提示します。次に、第Ⅱ章では、働く人材の自己成長を支える"人材育成の原理原則"を体系的に整理します。続く第Ⅲ章では、人材育成に多面思考を活用する際に鍵となる「人材」「関係」「構造」という三つのポイントを押さえます。

　その上で、第Ⅳ章から第Ⅵ章まで、「人材」「関係」「構造」、それぞれのポイントについて、多面思考を活かし人材育成を進めるための具体的な考

え方を提示します。最後に、第Ⅶ章では、多面思考力を鍛えるエクササイズとして、多くの企業が直面している今日的テーマ（例えば、若手社員の意識変化、雇用形態に伴う差異、高齢者雇用など）をめぐる人材育成上の問題を取り上げ、その考察を通じて、育成現場において多面思考を応用するための考え方を示します。

　本書は、これまでの人材育成に関する書籍と異なり、大きく3つの特徴を備えています。

　第1に、企業経営の視点から人材育成を位置づけ、上司と部下という限定された範囲での人材育成のみを扱うのではなく、企業活動全体を視野に入れた人材育成のあり方を、組織上の様々な立場から論じています。したがって、本書の読者は、人材育成の直接的担い手である管理職はもとより、人材が育つ組織環境の実現を担う経営幹部、人材育成を支援する立場にある人事をはじめとしたスタッフ部門、さらには、これから経営管理者を目指し自己成長をはかりたい若手のビジネスパーソンなど、幅広い範囲を想定しています。

　第2に、論理的に導き出される"べき論"を明らかにするだけではなく、そうした"べき論"の実践ができない背景や理由について、心理的な側面にまで踏み込んだ考察を行っています。企業経営の視点から人材育成を考えるためには、経済合理性を踏まえた論理的な分析は欠かせません。一方で、人間が感情を持った生き物である以上、人材と組織に関わる問題については、理屈だけで片づくものではありません。本書は、これら論理と感情の両面からのアプローチを試みています。

　第3に、汎用的な考え方を現場で実践的に活用できるよう、図表を駆使しながら、視覚的にもわかりやすく概念やフレームワークを整理するとともに、それらへの理解を深めるために、企業現場の具体的事例を数多く提示しています。これらの事例は、筆者が関わってきた人材育成に関する実例の中から、共通的にみられる問題や悩みを抽出し、あらたに作成したも

のです。いずれも職場で起こりがちな事例ですが、匿名性確保の観点から、複数の実例をもとに作成した架空のもので、人物および固有名称も仮名です。

　全体を通じて、読者1人ひとりが自己の問題意識に基づき主体的に考え、理解を深めることができるよう、各章の冒頭には「探求する問い」として、おのおの3つの考えるべき問いを掲げ、問題提起を行っています。また、各章の最後には、提示した問いに対して、筆者が伝えたいポイントを「要点」としてまとめるとともに、読者が自分自身の文脈に沿ってさらなる探求を進めるための「自分への問いかけ」を提示しています。本書を読むにあたっては、これらの問いや要点に対する自分自身の考えを描きつつ、読み進めることを推奨します。

　なお、本書で提示した多面思考の考え方は、人材育成に限らず、人材と組織に関わる諸問題について考えを深めていく上で、汎用性のあるものです。たとえば、働く人材の多様化という文脈でいえば、いわゆるダイバーシティ＆インクルージョンについて考えるための思考の枠組みとしても活用できます。人材育成以外のテーマにも、様々な形で多面思考の応用を試してみてはいかがでしょう。

　本書は、過去十数年にわたり、ビジネススクール教育の場で培った理論的体系的な視座と、100社を超える企業との人材組織開発の関わりを通じて蓄積してきた知見を統合し、筆者なりの視点で体系化してまとめたものです。ここで示した多面思考を取り入れ、効果的な人材育成による継続的な組織成果の最大化を実現し、企業の持続的競争優位の基盤を築くためのガイドとして、本書を活用されることを願っています。

はじめに

目　次

装丁　斉藤よしのぶ

人材育成の現実と
多面思考の必要性

探求する問い

▶企業経営において、
なぜ人材育成は重要なのか?

▶重要であるにも関わらず、
企業の現場では、
なぜ人材が思うように育たないのか?

▶人材育成において、
なぜ多面思考が必要なのか?

企業の経営幹部に対し「あなたの会社では、人材育成は重要だと考えていますか」と尋ねると、ほぼ間違いなく「はい、もちろん重要です」という返事が返ってきます。ところが、「それでは、あなたの会社では、思うように人材が育っていますか」と尋ねると、「それが、なかなか人が育たなくて困っています。どうすれば、うまく人材が育つのでしょうか」と、逆に質問をされてしまうことがしばしばです。同じ質問をマネジャー層に対して行っても、戻ってくるのは、ほぼ同様の回答です。

かつて日本企業は、OJT（On-the-Job Training）をはじめとした種々の人材育成の取り組みを継続的に行い、戦後の飛躍的な企業成長を支える強固な人的基盤を築くことに成功してきました。しかしながら、1990 年代初頭のバブル崩壊を機に人材育成を含む日本的経営慣行が変化をしはじめ、さらに 21 世紀に入り、人材育成に苦心する企業は、ますます増えています。結果として、今日では、必要な人材の不足に喘いでいる企業が、あちこちで見受けられます。

ではなぜこのような状況が生まれてきたのか。今の時代、なぜ人材育成が進まないのか。そもそも、人材育成は本当に必要なのか。まずは、この点を明らかにするために、人材育成を取り巻く企業の現実から見ていきましょう。

1. 人材育成は本当に重要か

「忙しくて、メンバーの育成どころではありません」

佐藤さんは、大手企業の技術開発部門で働くマネジャーです。管理職に昇進して 5 人の部下を持つようになり、3 年が経ちます。昇進当初は、自分が新たに部下を持つことへの期待も高く、部下のマネジメントに関する

書籍を探して読むとともに、管理職向けのセミナーにも積極的に参加して、マネジャーの役割と人材育成の重要性について、自分なりに理解しようと努めました。

　しかしながら、実際にマネジャーの立場になって仕事をはじめてみると、座学の世界とは大きく異なる現実が待ち受けていました。上司からは山のように仕事が降ってくる。営業からは日々新たな要求が飛び込む。正直、目の前の仕事を部下たちに割り振って、期限までにさばくだけで精いっぱいです。さらに厄介なことには、部下に任せた仕事は直接自分が行うわけではないので、当然のことながら、なかなか期待するようなアウトプットが出てきません。

　実際、自分でやるよりも部下に仕事を任せた方が、かえって手間がかかる。だからといって、部下の仕事を引き取って自分1人でこなすには限界がある。1人でできないことをやるために部下がいることも、わかっている。だから、早く部下に育ってほしい。にもかかわらず、いつになっても部下を育てる余裕はなく、やるべき仕事が山積みのまま。ひたすら仕事に追われる毎日が続いています。

　ところが、各年度の業績レビューの時期だけは、一時的に状況が変化します。会社の上層部からは中期的な事業の方向性が示され、加えて、事業展開の基盤となる人材育成の重要性が改めて唱えられます。

　これを受け、現場のマネジャーは、部下との評価面談を行います。そこでは、個人業績の振り返りと来期の目標設定だけでなく、本人が希望する今後のキャリアや自己成長の方向性についても、話し合いをすることが求められます。佐藤さんも、この時期だけは、部下の成長について考えざるを得ません。しかしながら、こうした部下の育成に関する意識は、面談がひととおり終わると、1週間もたたないうちに記憶の彼方へ消え去り、日々仕事に追われる現実に戻っていきます。

　佐藤さん曰く「どんなに部下の育成が大切だといっても、人材育成に時間がとられて肝心の日々の仕事が滞ってしまっては、話になりません。結

局のところ、仕事の結果が出なければ、上から評価してもらえない、背に腹はかえられないのが実情です。私が入社したころのように、もう少し仕事に余裕があれば、部下の育成に時間を割くこともできますが、今の状況では正直忙しすぎて、部下の育成どころではありません」。

強まる短期成果創出への圧力

今日の企業現場では、佐藤さんの事例と瓜2つの職場を目にすることは、めずらしくありません。人材育成について、会社の公式見解としては「重要だ」という一方で、職場の実態としては、日々仕事で手いっぱいで「後回し」という状況が、頻繁に見受けられます。

では、こうした現実が広がっているのは、なぜか。主たる原因として、グローバル化に伴い企業間の競争が激化し、同時に、株主からの企業への短期成果創出圧力が強まっていることがあげられます。その結果、企業はかつての長期的な視点を失い、短期志向へと大きくシフトしています。勢い、結果が見えるまでに時間のかかる人材育成の優先度は、下がっていきます。

一般に、人は「緊急かつ重要なこと」を優先します。したがって、短期的な成果創出が求められれば、そのために必要な目の前の仕事を優先します。短期志向が強まれば、急ぎの仕事は増えていきます。同時に、人の意識は、「重要なこと」よりも「緊急なこと」に向きがちです。その結果、人は急ぎの仕事ばかりに意識を集中させて、優先的に取り組むことになります。

一方で、重要なことであっても、緊急度が低いと、その仕事は後回しにされます。なぜならば、緊急度が低ければ、今その仕事をやらなくても、すぐには問題が顕在化しないからです。人材育成は、マネジャーの意識の中では、まさにこの「重要だが緊急でない」事柄に該当します。その結果、育成の取り組みは無意識のうちに放置されがちです。今日部下を育成しなくても、今日の仕事はなんとかなる。明日部下を育成しなくても、明日の

図1-1 なぜ、人材育成は後回しにされるか

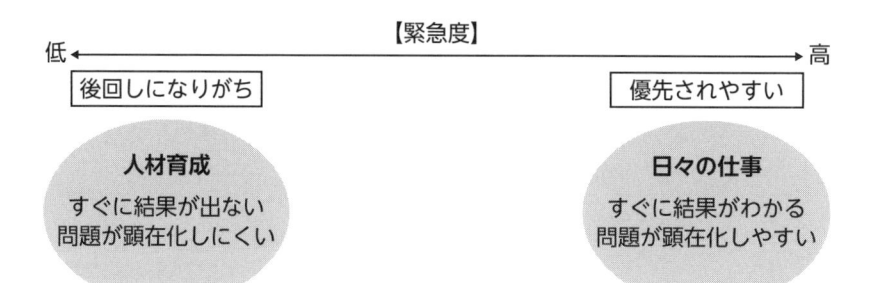

マネジャーは、どちらも"重要"だと考えているが・・・

短期志向の拡大

【緊急度】

低 ←————————————————————→ 高

後回しになりがち　　　　　　優先されやすい

人材育成
すぐに結果が出ない
問題が顕在化しにくい

日々の仕事
すぐに結果がわかる
問題が顕在化しやすい

仕事はなんとかこなせる。こうして、人材育成の取り組みをしないまま、いつのまにか1カ月、半年、1年……と時間が経過し、気がついてみると人が育っておらず、必要な人材が不足しているという事態に直面します（図1-1）。

　つけ加えていえば、人材育成は時間を要するため、たとえ優先的に取り組んでも、短期的には成果を実感することができません。したがって、短期成果が求められる状況においては、そもそもマネジャーが、人材育成に取り組むことのメリットを感じることは難しい。だとすれば、人材育成が後手に回るのは当然です。

　このように、企業に対する短期的な成果創出の圧力が強まり、各職場における短期志向が進めば進むほど、重要ではあるけれども緊急度が低く、成果創出までに時間がかかる人材育成は、先延ばしにされます。結果、いつまでたっても手つかずの状態に陥ってしまうのです。

即戦力採用で代替できるか

　このような現状を解決するための代替手段の1つとして、社外から即戦力を採用するという方法が考えられます。現実問題として人材育成に費やす時間の余裕がなく、企業内部での育成が進まないのであれば、思い切って人材育成を諦め「必要な人材を外部から調達してはどうか」という考えが出てきても、不思議ではありません。実際「社内で人材の育成をするのは時間の無駄。もっと優秀な人材を外部から積極的に採用したほうが、よっぽど効率的。成果を出せない人材には、それ相応の厳しい評価と処遇を示す。そうすれば、こうした人材は自然に会社を辞めていく。社内で育成なんかしなくても、代わりにもっと良い人材を採ったほうが、会社の業績もあがりますよ」といった意見を主張するマネジャーも見かけます。

　しかしながら、少し考えてみれば、話はそれほど単純でないことに気づきます。そもそも、優秀な人材を採用すればよいと言っても、希望する条件に合った人材が、必要なタイミングで見つかるとは限りません。また、応募書類並びに採用面接という限られた情報の中で、応募者が会社として本当に欲しい人材か否かを的確に判断することは、容易なことではありません。さらに、人材育成に一定のコストがかかるのと同様、人材の採用においても、採用担当者の人件費、採用のための募集広告、あるいは、人材紹介会社への手数料といったコストがかかります。

　仮に必要な人材が確保できるとしても、あまりに頻繁に退職と採用が繰り返されれば、組織としての一体感が失われます。同時に、企業内情報の流出につながるリスクも高まります。また、空席になったポストに外部から採用された人材ばかりが収まることになると、結果として内部からの昇進機会が限られ、キャリアアップを目指そうと考えている向上心ある内部人材のモチベーションに、マイナスの影響を与えます。さらに、どんなに優れた人材であっても、新たな組織の中で円滑に仕事を行えるようになるまでには、入社した企業固有の仕事のやり方を理解し、社内の人脈や人間

関係を構築するなど、組織に適応するための一定の時間が必要となります。

人材育成ならではの価値

加えていえば、人材育成には、人材育成ならではの価値があることも、忘れてはなりません。例えば、競争力の源泉となる企業固有のナレッジを蓄積し、会社全体で共有し、世代を超えて継承していくことは、継続的な育成プロセスの中でこそ、効果的に実現できることです。

製造現場におけるいわゆる"匠の技"と呼ばれるスキルの伝承は、この典型的な事例です。長年の経験によって培われた熟練の技は、形式知化することが難しい暗黙知です。経験の浅い工員に対し、豊富な経験を持つ熟練工が、日々の指導の中で継続的に教えるプロセスの中で、はじめて引き継ぐことができます。また、自社独自の経営手法や業務プロセスに関する知見などを、社内で幅広く浸透させ、同時に次世代へと継承していく場合も、人材育成プロセスを通じたナレッジの移転は欠かせません。

また、外部からの即戦力として採用した人材であっても、入社後の成長がなければ、その人の成果の拡大は期待できません。即戦力として採用した人材の育成を進める企業と、そうでない企業とでは、時間の経過とともに、成果の源泉としての人材能力に差が生じることは明白です。

外部からの即戦力採用により、採用時点での一時的な成果拡大は望めます。しかしながら、そのままでは将来の成果を高めることはできません。したがって、新卒であれ経験者であれ、採用した人材に対する育成の取り組みは、将来を見据えて競合他社に打ち勝っていくための基盤をなすものです。未来へ向けた継続的な事業成長は、人材の効果的な育成を通じた人的能力の拡大があってこそ、実現できることなのです。

もちろん、だからといって、外部からの経験者採用を行わず、新卒採用のみで、すべてを企業内部での育成に頼ることが、必ずしもよいとは限りません。人材の内部育成と外部からの調達には、それぞれ利点と欠点があります。したがって、外部からの即戦力採用の有用性を否定するものでは

図1-2　即戦力採用と人材育成

【即戦力採用】	【人材育成】
新たな能力獲得時間の節約	将来の人材能力の拡大
見つかるとは限らない	育つとは限らない
人材の適性判断が難しい	人材の適性判断の材料が豊富
採用コストがかかる	育成コストがかかる
内部昇進期待減少	内部昇進期待拡大
組織への適応に時間要	育成プロセス通じ組織に適応
企業内情報流出のリスク	企業固有のナレッジ維持継承
求心力を失いやすい	一体感を醸成しやすい
組織変化への刺激	組織同質化の懸念
・・・	・・・

ありません。

　例えば、即戦力の採用によって、企業は育成にかかる時間を節約することができます。新規事業推進にあたって、これまで社内になかった技術を持つ人材を外部から採用することは、外部調達活用の一例です。また、組織に刺激を与え新たな変化を促すために、外部人材の採用は効果的です。要するに、企業内部での人材育成の利点を活かし、同時に、育成でこそ創出できる価値を最大化しつつ、人材の内部育成で実現できない事柄については、外部からの人材調達によって補完することが重要なのです（図1-2）。

　このように考えてくると、「人材育成をしなくても、外部から優秀な人材を採用すればよい」といった人材育成そのものを否定する発想は、企業として競争力を維持していくために、適切でないことは明らかです。人材育成には、会社の競争力を高めていくために、外部人材の採用では代替できない、人材育成でこそ創出できる重要な価値があります。だからこそ、短期成果への圧力が強まる現代においても、企業として人材育成に真正面から取り組むことが必要不可欠なのです。

経営課題としての人材育成

　ここで、企業活動における人材育成の役割について、会社全体の視点から再確認しておきましょう。

　企業には、将来のあるべき姿としてのビジョンがあり、達成すべき共通の目標があります。企業は、こうしたビジョンや目標の実現へ向け、そこへ至る道筋としての戦略を策定し、それを実行していきます。企業における人材とは、こうした戦略の策定と実行の担い手に他なりません。つまり人材とは、企業活動を支える基盤そのものです。したがって、企業で働く人材の力量は、事業の成果を大きく左右します。

　だとすれば、企業間の激しい競争に勝ち残るためには、事業遂行に大きな貢献を果たせる人材を採用し、最適な配置を行うだけでは、十分ではありません。人材育成の取り組みを通じ、確保した人材の力を継続的に伸ばすことで、はじめて事業成果の創出と拡大につなげることができます。逆に、人材育成を軽視し、育成努力を放棄して、短期成果創出に走ろうとする動きは、将来のより大きな成果を犠牲にして、目の前の成果を作っているにすぎないといえます（図 1-3）。

　人材育成の成否は、未来のアウトプットを大きく左右します。言いかえると、人材育成は、コストではなく、未来への投資です。今日行った育成努力が、その場で目に見える形で成果に繋がることはないかもしれません。しかしながら、こうした努力は、将来の大きなリターンの可能性を広げるものです。このように考えてくると、いわゆる"ゴーイングコンサーン"、すなわち、"企業は将来にわたって事業を継続するという前提"がある限り、経営における投資としての人材育成の重要性は、論を待ちません。だとすれば、人材育成を、単にマネジャーや人事部門の役割ととらえることは、問題を矮小化することになります。人材育成は、企業が未来へ向けて持続的な成長を図っていく上で、欠くことのできない重要な経営課題の 1 つなのです。

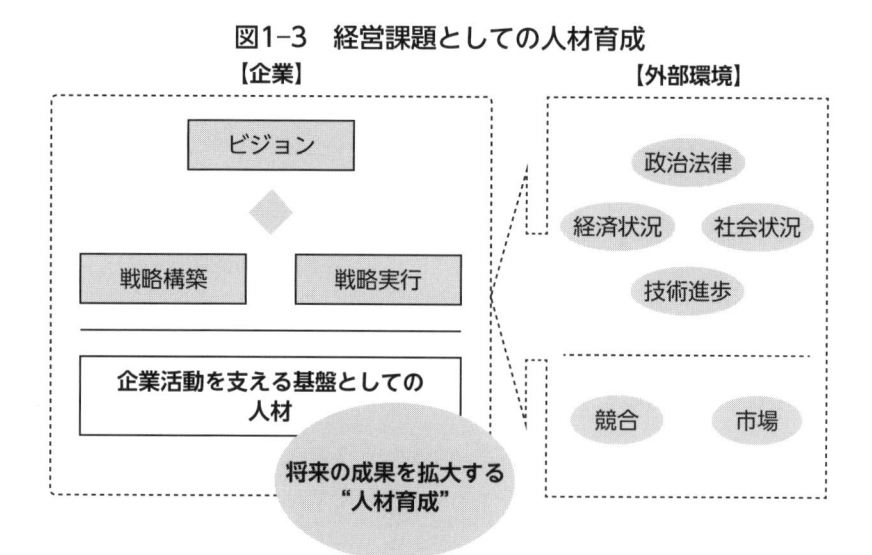

図1-3　経営課題としての人材育成

【企業】

ビジョン

戦略構築　　　戦略実行

企業活動を支える基盤としての
人材

将来の成果を拡大する
"人材育成"

【外部環境】

政治法律

経済状況　　社会状況

技術進歩

競合　　　市場

2. なぜ、人材が育たないのか

時間を割けば、人材育成の問題は解決するのか

　すでに見てきたとおり、グローバルな競争が激化し、株主からの短期成果創出の圧力が増大する中、企業は短期志向を強めている。その結果、各職場においては、人材育成の取り組みが、どんどん先延ばしにされる。しかしながら、持続的な企業成長のためには、人材育成は欠かせない。だとすれば、こうした現状を打ち破っていくために、まずは人材育成に割くエネルギーと時間を取り戻すことが肝心です。

　では、人材育成に費やす時間を取り戻し、それ相応のエネルギーを投入すれば、人材育成の問題は解決するのでしょうか。残念ながら、それほど簡単に物事は進みません。なぜならば、企業における人材育成を取り巻く環境が、大きく変化しているからです。とりわけ、社会と人材の多様化に

伴い、企業の人材育成のあり方が、量の問題だけではなく、質の問題に直面していることに、注目する必要があります。

では、人材育成に関わる質の問題とは何か。この点を明らかにするため、ここで別の事例を見てみましょう。

「昔は、皆、上司や先輩の背中を見て育ったものです」

営業課長の鈴木さんには、4人の部下がいます。そのうち2人は、いずれも20代半ばの若手社員です。2人とも、とても真面目な性格で、上司から指示された仕事については、指示されたとおり忠実に行います。しかしながら、自ら主体的に物事を考えたり、自発的に動いたりすることはほとんどありません。鈴木さんとしては、2人に早く一人前の営業パーソンとして活躍できるようになってほしいのですが、何事も1つ1つ細かく指導をしないと、思うように動いてくれません。

先日も、そろそろ独り立ちしてほしいとの思いから、鈴木さんは、入社4年目で25歳になる高橋さんに、3週間後に控えたある顧客に対する提案業務を任せることにしました。ところが、提案書作成を指示してから2週間が経過しても、高橋さんからは報告も相談もありません。そこで、進捗状況について確認したところ、ほぼ手つかずの状態であることが判明しました。

鈴木さんは、「残り1週間で、どのように提案書作成を進める予定か」尋ねましたが、高橋さんからは、明確な回答が返ってきません。仕方なく、鈴木さんは、提案書作成に必要な具体的な指示を行うことにしました。それからの1週間、鈴木さんはきめ細かな進捗確認と指導を続け、何とか顧客への提案を期日に間に合わせることができました。

この1件について鈴木さんは、次のように振り返っています。

「若手の2人にも、育成のために思い切って仕事を任せようとするのですが、今回のように部下の側が任せた仕事に対応できず、結局は私が介入することを繰り返しています。中堅にあたる30代の部下たちについては、

指導育成で悩むことはほとんどありませんが、若手社員の2人は、手とり足とり教えてあげないと、何もやってもらえない状態で困っています。

　私が若い頃は、今みたいに丁寧に指導してくれる上司や先輩は少なく、誰もが皆、上司や先輩の背中を見ながら仕事を覚えるのが当たり前でした。その点、最近の若手社員は、至れり尽くせりの指導をしてくれる上司や先輩が多く、とても恵まれています。にもかかわらず、いつまでも待ちの姿勢で成長が見られないので、どう育成したらよいものか、悩んでしまいます。そもそもの向上心すらどこまであるのやら、つくづく時代が変わったのだと痛感します」

機能不全に陥る人材育成

　昨今の企業の現場では、「たとえ部下の育成に時間を費やしても、思うように人が育たない」という現実を、あちこちで目にします。このことは、今日の企業が、人材育成に関し、時間の不足という量的な問題だけでなく、人材育成の方法という質的問題に直面していることを意味しています。

　実際、筆者自身、マネジャーから「自分が育ててもらったやり方で、最近の若い世代を育てようとしても、うまくいかない。それどころか、一歩間違えると、逆効果となって、部下をつぶすことにさえなりかねない。どうやって部下を育てればよいのか」といった相談を受けることが増えています。こうした発言は、上司が自分の経験則の中で築き上げたこれまでの育成方法が、機能不全に陥っていることを示しています。すなわち、人材育成に関する過去の成功パターンを画一的に適用しても、人材は育たなくなっているのです。

　では、なぜ昔はマネジャーの経験則が通用したのか。また、なぜ今の時代には、その経験則が通用しなくなったのか。目指すべき人材育成のあり方を考えていく前に、まずは、これらの問いを明らかにしましょう。

なぜ昔は経験則が通用したのか

　そもそも過去においては、なぜ経験に基づく画一的な人材育成のやり方が通用したのか。その主たる理由は、戦後、高度成長・安定成長の時代を中心に、「同質な人材を、長時間かけて育てる」という隠れた前提が成立していたことにあります。

　ここで「同質な人材」とは、第1に、過去の新卒一括採用社員に見られるように、そもそも育成される側の人材が、極めて同質性の高い集団だったことを指しています。特に、男女雇用機会均等法施行（1986年4月）以前は、いわゆる総合職社員の大半は男性で、彼らは生涯にわたり同一企業に努め続けることを是とし、また、学歴卒年に基づく年功的な処遇を当然のことと考えていました。また、自らの主たる帰属集団としての企業組織の中で、自身のキャリアと人生設計を描くことに疑問を持たない人が大多数を占めていました。このように、育成対象となる社員が同質的であれば、そこでの人材育成のやり方が、経験の中で有効性が示された単一の手法に収斂していくことは、自然な流れです。

　一方、この時代、いわゆる一般職は主に定型的補助的業務に従事する女性が大半で、結婚や出産を機に退職し、専業主婦となることが一般化していました。また、いわゆる現業職は、主に直接現場における特定の業務に長期にわたり従事するという前提を共有していました。このため、一般職、および、現業職の育成は、専ら限られた業務の中での熟練の範囲内で進められたと考えられます。

　第2に、ここでの「同質な人材」とは、育成を通じて目指す人材像が同質的であったということを指しています。必ずしも社外では通用しなくとも社内では重宝される、労働市場における専門的価値は低くても社内的には高く評価される、いわゆる"ゼネラリスト"と呼ばれる人材像は、その典型だったといえます。こうした二重の意味で"同質的な人材"を育てるために、入社同期を管理の基本単位とし、入社後の経験年数に基づく昇

人材育成の現実と多面思考の必要性

図1-4 経験則に基づく人材育成

【同質な人材を、長時間かけて育成する】

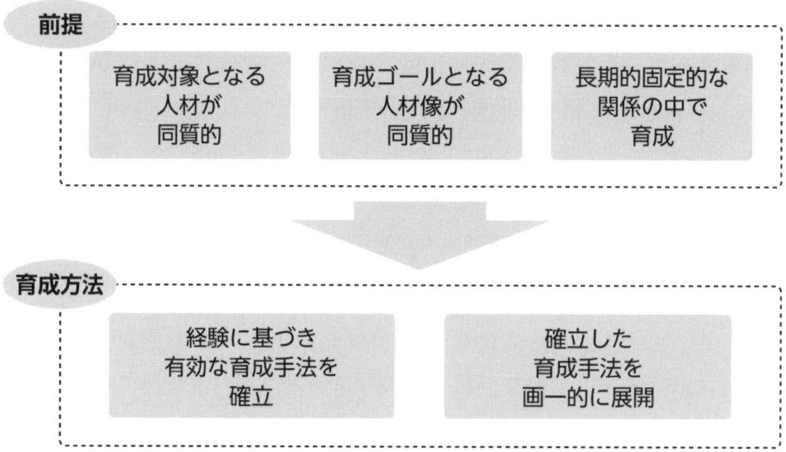

前提

育成対象となる 人材が 同質的	育成ゴールとなる 人材像が 同質的	長期的固定的な 関係の中で 育成

育成方法

経験に基づき 有効な育成手法を 確立	確立した 育成手法を 画一的に展開

進昇格を前提に、階層別に一律のやり方で人材を育成することは、この時代においては有効性の高いものでした。

　一方で、「時間をかけて育てる」とは、人材を育てる会社と育てられる個人の間に、長期的かつ固定的な関係が成立することを前提としたものです。こうした関係性の中では、経験の積み重ねを通して、効果的な成功パターンを導きだすことが容易です。鈴木さんの事例では、「上司や先輩が自分の背中を見せて育てる」といった擬似徒弟的な育て方が、有効性の高い育成手法として確立され、継承されてきたと見ることができます。

　このように、「同質な人材を、長時間かけて育てる」という前提が成立する状況においては、経験に基づき有効な育成方法を見出し、それを画一的に展開するといったやり方によって、高い効率と効果を発揮することができたのです（図1-4）。

隠れた前提の崩壊

　ところが、現在の企業を取り巻く環境を考えると、時代は、同質から異質へ、均一から多様へと、大きく動いています。

　グローバル化により、国境を超えたヒト・モノ・カネ・情報の動きは、加速しています。社会のグローバル化は、国籍、人種、宗教、文化をはじめとする労働力そのものの多様化を促し、また、企業で働く個人の価値観の多様化を生み出しています。一方、企業はグローバルな競争環境の中、これまで以上に、国や地域の違いによる市場の固有性へ対応、あるいは、イノベーションを通じた新たな価値創造の必要性に迫られています。

　こうした中、企業が競争に勝ち残っていくためには、多様な人材を確保し、人材毎に異なる個性を活かすとともに、人材の多様性から生み出される相乗効果を実現していくことが、不可欠です。いうまでもなく、こうした環境変化は、これまで成立していた人材の同質性に関わる前提を崩壊させます。

　今日、企業で働く人々は、それぞれ異なる人生観や労働観を持っています。その結果、働き方やキャリアのあり方についても、多様なニーズが生まれています。例えば、「家計は主に男性が支える」、「生涯同一の企業で働く」、あるいは、「経験年数に従い徐々にキャリアアップする」といった前提に疑問を持ち、これまでとは異なる人生設計を描く人は、少なくありません。その結果、企業は、こうした個人による違いを尊重し、1人ひとりの社員の異なる特徴を踏まえて、人材の活用と育成を考えなければ、優秀な人材の確保と維持を通じ、組織としての生産性を高めることはできなくなっています。

　また、企業が育成すべき人材像についても、多様化が進んでいます。今日の企業は、時に"金太郎飴"と揶揄される画一的な人材だけで、グローバルな競争に勝ち抜くことはできません。国や地域により異なる事業のやり方に対応し、あるいは、異なる意見のぶつかり合いの中で革新的なイノ

人材育成の現実と多面思考の必要性

ベーションを生み出していくためには、さまざまな特徴を備えた多様な人材を確保育成することは、生き残りのための必須条件です。

多様化する時代の人材育成

　このように、企業に必要な人材が多様化し、企業で働く人材も多様化する現実の中、「同質な人材を、長時間かけて育てる」という前提のもとに築かれた画一的な育成手法が有効に機能する範囲は、どんどん狭まっています。このままでは、企業の人材育成は、最終的に、完全な機能不全に陥ってしまいます。

　一般に、目的達成へ向けて、置かれた前提が変われば、有効な手段も変化します。したがって、人材の育成という目的を達成するために、これまで成立していた前提が変われば、そこで有効な手段も変わります。ここまで見てきたとおり、企業を取り巻く環境変化によって「同質な人材を、長

図1-5　人材多様化と人材育成

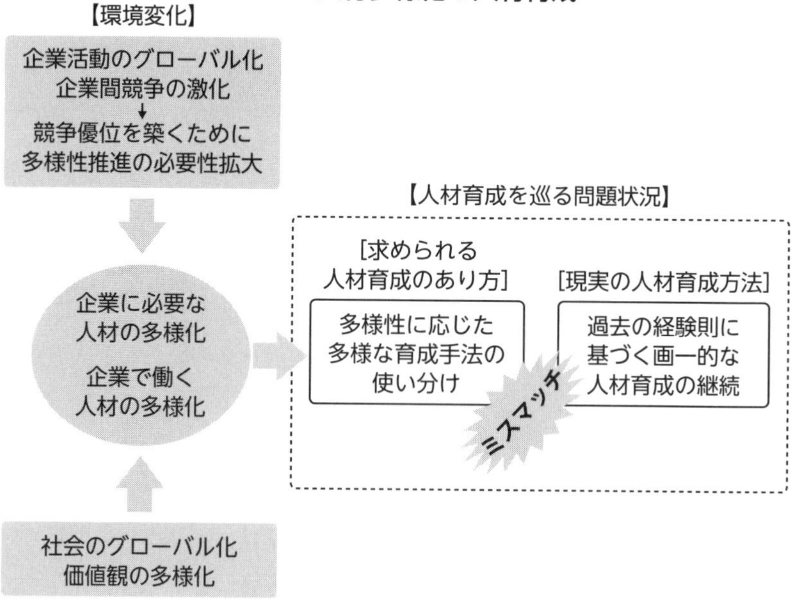

【環境変化】

企業活動のグローバル化
企業間競争の激化
↓
競争優位を築くために
多様性推進の必要性拡大

企業に必要な
人材の多様化

企業で働く
人材の多様化

社会のグローバル化
価値観の多様化

【人材育成を巡る問題状況】

［求められる
人材育成のあり方］

多様性に応じた
多様な育成手法の
使い分け

［現実の人材育成方法］

過去の経験則に
基づく画一的な
人材育成の継続

ミスマッチ

時間かけて育てる」という前提は、妥当性を失っています。その結果、これまでの画一的な人材育成の手法は、もはや機能しなくなっているのです。

　したがって、これからの時代、効果的に人材を育成していくためには、人材の多様性に応じて、多様な育成方法を取り入れることが必要です。だとすれば、多様性に応じた多様な育成手法を取り入れ、それらを状況に応じて使い分けていくことが、ここでの問題解決の鍵となります（図1-5）。

3. なぜ、多面思考が必要なのか

人材育成を巡る今日的課題

　企業の現場で、「なぜ人材が育たないのか」、その背景を改めて振り返ると、大きく2つの点に整理できます（図1-6）。

　第1は、量の問題。すなわち、短期的成果創出への圧力が強まる中、企業が人材育成に十分な時間を割けていないこと。具体的には、人材育成に

図1-6　人材育成を巡る2つの問題

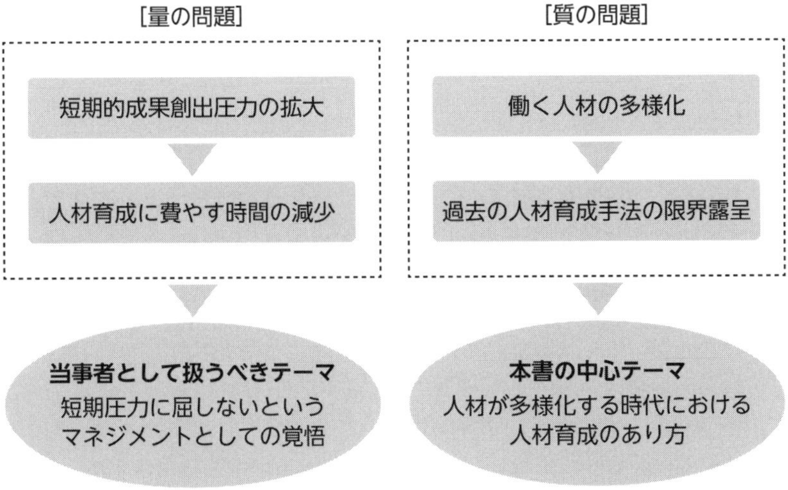

[量の問題]　　　　　　　　　　　　[質の問題]

短期的成果創出圧力の拡大　　　　　働く人材の多様化

↓　　　　　　　　　　　　　↓

人材育成に費やす時間の減少　　　　過去の人材育成手法の限界露呈

当事者として扱うべきテーマ
短期圧力に屈しないという
マネジメントとしての覚悟

本書の中心テーマ
人材が多様化する時代における
人材育成のあり方

おいて成果を生みだすには時間がかかるため、その重要性が分かっていても、ついつい後回しや手つかずの状況が生まれていること。この点については、事業上の短期的成果創出に影響があるからといって、持続的な会社の成長という観点を見失ってはなりません。長期的に成果の最大化を実現するために、将来へ向けた投資としての人材育成を進めていく姿勢が、会社の経営幹部および現場のマネジャーの双方に求められます。

第2は、質の問題。すなわち、働く人材が多様化しているにもかかわらず、過去の画一的な人材育成手法にとらわれたままで、育成人材と育成方法の間に、ミスマッチが生じていること。この点については、外部環境変化を踏まえ、会社として事業遂行に必要な人材像を見直すとともに、人材育成にあたっては、人材の多様性に応じた多様な人材育成手法を取り入れ、育成対象者による個性の違いを踏まえ、個々の状況に即して育成手法を使い分けていくことが必要です。

ここで、量の問題については、解決の決め手は、マネジメントとしての人材育成に対する覚悟にあります。問題解決のためにやるべきことは明確で、「人材育成のために本気で時間を割く」ことに他なりません。経営幹部の確固たる決意のもと、現場のマネジャーが人材育成時間の創出へと動けば、事態は前進します。もちろん、その決断自体が容易ではないという現実を否定することはできません。しかしながら、ここでの問題は、人材育成の考え方や方法そのものにあるのではなく、いわゆる"決め"の問題です。したがって、書籍で扱うことで問題解決に寄与できる部分は限られており、むしろ企業のマネジメントを担う経営管理者が、自ら当事者として扱うことが必要なテーマです。このような認識に基づき、本書では、量の問題については、ここで問題を提起するにとどめます。

一方で、質の問題は、多くの経営幹部やマネジャーにとって、これまでの経験値が機能しない未知の領域です。人材の多様化の流れは、会社に対し、採用配置、評価報酬、労務管理といったさまざまな領域において、これまでにない根本的な改革を迫っています。当然、人材育成のあり方にも、

大きな影響を与えます。マネジャーに対しては、過去に直面したことのない指導育成上の問題への対処を強いていきます。

　これらは、いずれも身近な前例に乏しく、具体的な解決の方法を描くこと自体にチャレンジを伴うテーマです。だとすれば、本書の中で、解決へ向けた新たなものの見方や考え方を示すことは、相応の意味があります。こうした点を踏まえ、本書では、人材育成における今日的課題として、以下、質の問題に焦点をあて、「人材が多様化する時代における人材育成」を中心テーマに、考察を深めていきます。

　では、多様化時代の人材育成の鍵は、どこにあるのでしょう。ここで結論を先に述べると、こうした多様化の動きへの対処において、その成否を左右する決め手となるのが、多面思考です。では、なぜ、多面思考が重要なのか。具体的な事例を題材に、考えていきましょう。

「褒めて伸ばす時代と言いますが、部下を褒めても調子に乗るだけです」

　春の定期異動に伴い、初めて 20 代の伊藤さんを部下に持つことになった田中さんは、日々、若い部下をどのように指導育成していけば良いのか、頭を悩ませています。管理職に昇進してから 5 年、これまで田中さんの部下は、いずれも年齢が 30 代の中堅社員ばかりでした。田中さんとの年齢差は 10 歳前後で、育成に関しては、かつて自分が受けた上司の指導育成方法を参考に、自分なりの工夫を加えれば、特に大きな問題は生じませんでした。

　しかしながら、伊藤さんについては、少々勝手が違います。例えば、伊藤さんは、問題となる仕事のやり方に関して「それでは、うまくいかないよ……」とちょっと指摘するだけで、すぐに落ち込んだ様子を見せます。そこで、気を遣って「○○のやり方を取り入れた方がいいんじゃないかなあ」と前向きな言い方をすると、今度は不満そうな表情を浮かべます。

　困った田中さんは、以前から若手の部下を率いている同僚の渡辺さんに

「最近の若手社員を、どう育てればよいのか、教えてくれないか」と相談しました。すると、渡辺さんからは「最近の若い人たちには、みな似たり寄ったりだと思うなあ。要するに、叱られることに慣れていないんだよ。たとえ遠回しな言い方でも、自分の問題点を指摘されること自体、自分が否定されていると感じて、受け入れることができないみたいだ。いろいろなビジネス誌の記事を読んでも、『若手社員は、叱るのではなく、褒めて伸ばす』のが今の常識だってさ。実際、『部下の褒め方、伸ばし方』といった内容の本も、ずいぶん売れているようだし。私の部下の場合も、できるだけ褒めるようにしてからは、みな、それなりに、がんばって働いてくれているよ。田中さんも、うまく褒めて育てることを考えたらいいんじゃないか」とのアドバイスが返ってきました。

　田中さんは、「確かに、自分は、これまで部下を褒めるなんてことは、ほとんどしなかった」と反省し、さっそく渡辺さんから薦められた本を熟読しました。こうして、しばらくの間、田中さんは伊藤さんに対して問題点の指摘を控え、でるだけ良かった点を見つけては、専ら褒めることを心がけました。すると、これまでのように、伊藤さんが落ち込んだり、拗ねた表情を見せたりすることはなくなりましたが、褒めるだけでは、なかなか伊藤さんの問題点を改善することはできません。それどころか、悪いことに、褒められることで、どうやら根拠のない自信さえ生まれてしまった様子です。

　田中さんは、「最近の伊藤さんは、自分流のやり方で、やりたいように仕事を進め、それで自己満足しています。もちろん成果が出ればよいのですが、小さな問題がたびたび発生し、その度に、私が後始末をしている有様です。本人は、上司がトラブル対応を行うのをあたり前だと思っているのか、悪びれた様子もなく、仕事に対する改善意識は全く感じられません。当然のことながら、このままでは、仕事の成果も本人の成長も望めません。

　部下は褒めて伸ばすと言っても、私の部下は、褒めると調子に乗るばかりです。だからといって、改善すべき点を指摘すると、すぐにへこんでし

まいます。最近の若手の社員を育てるには、いったいどうしたらよいのでしょうか」と悩みを深めています。

ハウツー依存の落とし穴

ある問題に直面した時、「どうしたらいいのか」といった具体的解決策を求めたくなるのは人間の心情です。上司として、田中さんと同様の問題に直面すれば、「若手社員をどのようにして指導育成したらよいのか」、答えを求めたくなるのも不思議ではありません。「若手社員の褒め方・伸ばし方」と言った具体的な方法が示されると、そのやり方に依存したくなるのも当然かもしれません。しかしながら、多様化する時代においては、実用的かつ具体的な方法を示したいわゆる"ハウツー"に頼ろうとする姿勢そのものが、大きな落とし穴となります。

一般に、"ハウツー"とは、ある限定された条件の下でのみ有効なやり方を実践的にわかりやすく示したものです。上述の例でいえば、「褒めて伸ばす」というやり方は、特定の状況下で、かつ、ある条件を備えた部下に対して有効な方法であるにすぎません。置かれた状況や部下の特徴が異なれば、有効であるどころか、有害な方法にさえなりえます。

ここで、「若手社員は褒めて伸ばすべし」と言った主張は、「これまでに比べ、褒めることで伸びる人材の比率が、今の若年層を中心に増えている。このため、若手社員に対しては、以前よりも、褒めることが有効な場面が増加している」という見方を、一般化した表現で断定的に示しているにすぎません。したがって、すべての若手社員が褒めて伸びるわけではなく、田中さんの部下である伊藤さんのように、褒めることが有効に機能しないケースも、当然でてきます。また、同じ部下であっても、その時々の仕事の状況によって、褒めることが効果的な場面と、そうでない場面があることは、容易に想像がつきます。したがって、ハウツーへの安易な依存は、しばしば大きな問題を引き起こします。

ハウツー的な解決策は、具体的かつ実用的なやり方を示しているもので

あるだけに、物事を実践する当事者にとっては、すぐに飛びつきたくなるような魅力的なものです。また、一時的に、ハウツーが有効に機能する場合も、少なくありません。だからこそ、いわゆるハウツー本やハウツー記事には、それ相応の需要があります。同時に、自らの思考を停止し、ハウツーにばかり頼るハウツー依存症とも言える状況が、しばしば蔓延します。

　しかしながら、すぐに役立つものは、すぐに役立たなくなります。世の中が激しく変化し、かつ、社会の多様性が進めば進むほど、ハウツーが成立する状況は、一時的で、かつ、限定されていきます。安定的かつ画一的な時代から、不安定かつ多様化する時代に移行すればするほど、ハウツーの限界が露呈する場面は増加します。こうした状況を踏まえると、人材育成に限らず、何らかの問題に直面した際、いきなり「どうしたらいいのか」といった具体的方法を探そうとするのは危険です。こうしたハウツーの落とし穴を避けるためには、周囲に答えを求めるのではなく、自らが置かれた個別の状況に対して有効な方法を導き出すために、自ら問いを立て、自ら考えることが必要です。

　例えば、そもそも何のために部下を褒めるのか。部下を伸ばすという目的に対して、褒めるという手段が、本当に有効な解決策となるのか。なるとすれば、それはなぜなのか。他に優れた手段はないのか。褒めるという手段を採用する前には、これらの問いについて考えなければなりません。当たり前のことですが、有効な打ち手を打つためには、直面する問題とその真の原因を特定し、打ち手を打つ目的を明らかにすることが先決です。そうしなければ、適切な手段を講じることはできません。

打ち手の前に、原因の探求

　すでに見てきたように、直面する現象面の問題に対して、すぐにハウツーに示されたやり方で解決を試みるのは、いわゆる"決め打ち"です。しかしながら、はじめに手段ありきでは、結果は運次第ということになります。

したがって、まずは、打ち手を決める前に、問題の原因を探る必要があります。個々の問題の背景にある真の原因や課題を突き止め、その上で、「その原因を取り除き、あるいは、課題を解決するために、どのような手段が適切か」を自ら考えていくことが重要です。そうすることで、はじめて効果のある打ち手を見つけることができます。

　「上司の指導に対して、すぐに落ち込んだ様子や不満そうな様子をみせる」という現象面での問題について、「なぜ伊藤さんは上司の指導に対して、落ち込んだ様子や不満そうな様子を見せるのか」、田中さんの例でいえば、その原因を突き止めることが、適切な解決策としての指導法を導き出すための第一歩です。問題の背後にある原因を明らかにできれば、より適切な解決のための手段を選び、有効な対応策を講じることができます。

　こうした「問題認識→原因究明→解決策立案」という思考プロセスは、日々の業務上の問題解決においては、すでに実践していることかもしれません。しかしながら、人材育成において、こうした思考プロセスをたどることは、一般の業務上の問題解決とは異なり、独特の難しさがあります。なぜならば、部下が目に見える形で示す現象面の問題に対して、その原因は、多くの場合、部下の心の奥底に隠れているからです。言いかえると、客観的な事実として、その原因を直接把握することが困難であるとともに、原因を把握するためには、部下の内面にまで踏み込む必要があるということです。ところが、部下といえども、他者の内面にまで足を踏み入れることは、多くの場合、足を踏み入れる側の上司としても、ためらいがあります。また、実際に踏み入れようとしても、相手が心を開くとは限りません。このため、往々にして、原因探求を途中で諦め、決め打ち的な解決策に走る傾向が生まれやすくなります。

　しかしながら、人材が多様化すればするほど、決め打ち的な育成方法が機能しない場面は増えていきます。この点を踏まえると、仮に困難を伴うとしても、本来あるべき問題解決のプロセスを踏むことは、これからの人材育成にとっては、ますます重要となっていきます。

多様な現実の理解

　ここで田中さんの例に戻り、「部下が上司の指導に対して不満そうな表情を見せるのはなぜか」、その原因を考えてみましょう。①上司の口調から、自分のやり方を否定されたと感じ、カチンときたのかもしれません。あるいは、②上司に対して日頃から不満を感じていて、その上司の言うことを聞きたくないだけかもしれません。あるいは、③そもそも親や周りから問題点を指摘されることなく育ったため、指導を受けること自体に慣れていないのかもしれません。他にも、職場環境、担当業務への興味の有無など、不満そうな表情の裏には、さまざまな原因が考えられます。

　ここで、原因が異なれば、問題解決のために有効な手段も異なってきます。上述の例でいえば、①部下を指導するときの口調に気をつける、②部下との基本的な信頼関係を構築し直す、あるいは、③そもそもの指導の目的を改めて伝え、本人にとってのメリットを理解してもらうなど、個々の問題の背後にある原因に合致した指導のやり方を考えることが必要です。

　社会が多様化すればするほど、たとえ現象面での問題が同じであっても、その場の状況や個々の人材の特徴の違いにより、その背後にある原因は異なることが多くなります。したがって、目に見える現象が同じでも、その原因の違いにより、異なる個人には、異なる打ち手が必要です。

　多様化する時代においては、多様な現実を理解することなしに、効果的な人材育成を行うことはできません。すなわち、職場における個別の状況や部下による違いを把握し、個々の問題ごとに固有の原因を突き詰め、おのおのの関係性を明らかにすることが必要です。そうすれば、異なる状況や個人の違いを踏まえた育成手段を考え、実践することが可能になります。多様性に応じてやり方を使い分け、1人ひとりの個性を活かした育成を進めることが、これからの人材育成における基本なのです。

見落としを回避し、可能性を広げる多面思考

では、多様な現実を理解し、目に見える問題の裏にある背景や原因を押さえるためには、何が必要でしょうか。ここで鍵となるのが、"多面思考"です。

多面思考とは「物事を様々な角度からとらえ、複数の側面から考えること」です。極めて単純な例として、コップや缶詰のような円柱の物体について、考えてみましょう。円柱を真上からだけ見ると、その形は円にしか見えません。同様に、真横からだけ見ると、長方形にしか見えません。しかしながら、いくつかの角度から見れば、それが円柱であることが認識できます。このように、見る角度を変えて物事をとらえ、異なる側面を統合して考えると、一面的なとらえ方だけでは見えないものが見えてきます。

こうした多面的なものの見方や考え方は、職場の状況や個々の人材を見るときにも、高い有効性を発揮します。とりわけ、大きな見落としをなくし、より多くの可能性を考えていくためには、なくてはならないものです。

ここで「上司の指導に対して部下が不満そうな表情を見せる」という事例に戻りましょう。この問題に関する原因について、部下指導の場面における「①上司の行動」という角度からだけ見ると、例えば「①上司が指導する際の口調に問題があったのではないか」という見方は出てきます。しかしながら、「②そもそも上司と部下の間に信頼関係がないのでは」、あるいは、「③相手が誰であれ、部下自身、指導を受けること自体に慣れていないのでは」という発想は、出てきません。こうした考えを生みだすためには、指導場面における「①上司の行動」とは異なる角度から物事を見て、異なる側面にも注目して考えなければなりません。例えば、職場における上司と部下の「②人間関係」、あるいは、もともと部下が備えている「③部下の特性」に目を向ける必要があります（図1-7）。

仮に、上司と部下の間に長期的かつ固定的な関係が存在し、部下の特徴も同質的であれば、部下指導場面における「①上司の行動」という角度か

第Ⅰ章
人材育成の現実と多面思考の必要性

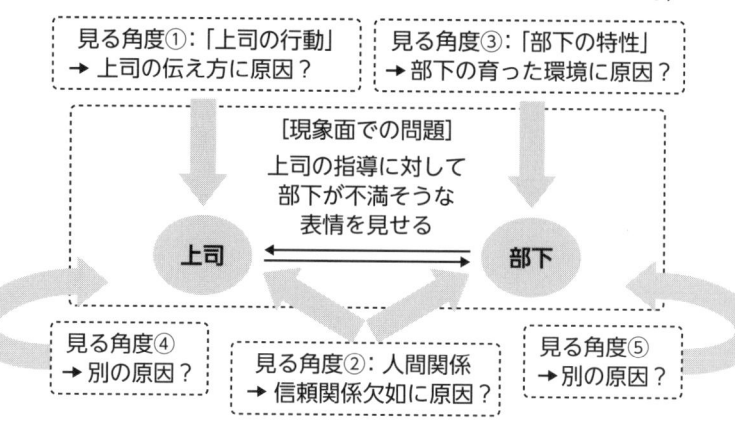

図1-7 人材の多様性と多面思考の有効性

多面思考とは、物事を様々な角度からとらえ、複数の側面から考えること
（多様な原因の可能性を発見し、見落としを防ぐことができる）

見る角度①：「上司の行動」
→ 上司の伝え方に原因？

見る角度③：「部下の特性」
→ 部下の育った環境に原因？

［現象面での問題］
上司の指導に対して
部下が不満そうな
表情を見せる

上司 ←→ 部下

見る角度④
→ 別の原因？

見る角度②：人間関係
→ 信頼関係欠如に原因？

見る角度⑤
→ 別の原因？

らだけ問題をとらえても、それほど大きな見落としは生まれないかもしれません。しかしながら、今日では、上司と部下の関係は以前より流動化し、部下の特徴も大きく異なるため、一面的に物事をとらえるだけでは、見落としが生まれる場面が増えています。

　このような見落としを避け、より的確に問題の原因を把握し、効果的な人材育成の打ち手につなげていくためには、「物事を様々な角度からとらえ、複数の側面から考える」多面思考を養うことが、欠かせません。逆にいえば、多面思考力を鍛えることができれば、こうした的確な打ち手を自ら考え、人材育成の可能性を広げていくことができるのです。

多面思考で1人ひとりの個性を活かす

　これからの時代、これまでの育成手法に合った人材のみを採用育成し、同質性を基本とした効率と確実性による組織運営を行っていては、企業経営が立ち行かないことは明らかです。企業が社会的な責任を果たしつつ、激しい競争に打ち勝っていくためには、多様な人材を確保育成し、効果的

に活用していくことが、不可欠です。

　グローバルに事業活動を展開していくために、国の枠を超えた多様な人材を活かす。革新的な事業展開を進めていくために、異なるバックグラウンドを持った人材が協働する。少子高齢化が進む日本国内において、人的競争力を高めるために、さまざまな考えや価値観を持った個人を受容し、おのおのの潜在力を引き出すための機会をより多く提供する。一方で、企業の社会的責任を果たすために、多様性を尊重し、誰もがいわれなき不利益を受けることがない職場を実現する。このように、人材の多様化という社会の変化をチャンスととらえ、1人ひとり異なる個人を活かす力を企業として広げていく取り組みこそが、これからの企業の持続的成長を支える人的基盤を強化することにつながるのです（図1-8）。

　そのためには、経営幹部もマネジャーも、これまで慣れ親しんできた人材に対する一面的な思考から脱却し、多面的な思考の習慣を身につけることが、強く求められます。多面思考力は、マネジメントに関わるすべての人にとって、1人ひとりの違いを活かした人材育成のための必須の能力な

図1-8　なぜ、多様性を推進するのか

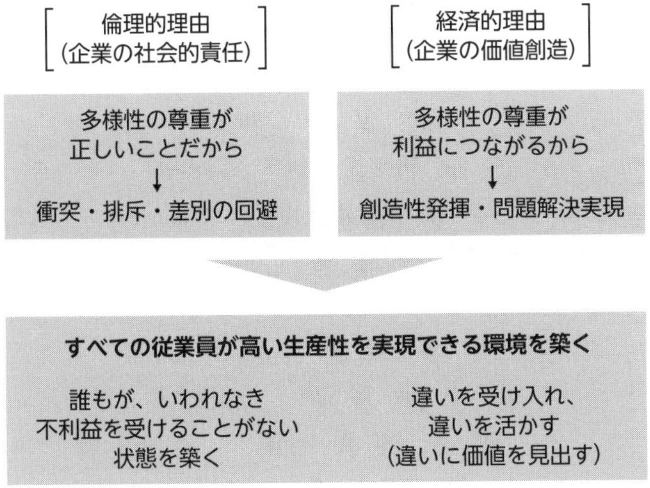

```
┌ 倫理的理由       ┐      ┌ 経済的理由       ┐
│ （企業の社会的責任）│      │ （企業の価値創造）│
└                 ┘      └                 ┘
```

| 多様性の尊重が
正しいことだから
↓
衝突・排斥・差別の回避 | 多様性の尊重が
利益につながるから
↓
創造性発揮・問題解決実現 |

すべての従業員が高い生産性を実現できる環境を築く

| 誰もが、いわれなき
不利益を受けることがない
状態を築く | 違いを受け入れ、
違いを活かす
（違いに価値を見出す） |

のです。

要　点

- 企業経営において、人材は企業活動を支える基盤である。企業は、こうした人材の育成を通じて人材力を高め、将来の成果を拡大することができる。したがって、人材育成の取り組みとは、未来へ向けた投資であり、企業の持続的成長のための源泉である。
- 今日では、企業の人材育成をめぐり2つの問題が存在する。第1は、量的問題で、企業に対する短期成果創出の圧力が強まる中、緊急性を実感しづらい人材育成は後回しとされ、人材育成に費やされる時間とエネルギーが減少していること。第2は、質的問題で、人材の多様化に伴い、これまで有効であった過去の人材育成手法が、今日では機能しなくなってきていることである。
- これからの時代、企業で効果的に人材を育てていくためには、育成に割く時間を取り戻すだけでは十分ではない。人材の多様化を踏まえ、個々の状況と人材の特性に応じて、異なる育成手法を取り入れ、使い分けることが重要である。そのためには、これまでの一面的な思考パターンから脱し、多様な現実を構造的に理解するための多面思考力を養っていくことが、必要不可欠の条件である。

自分への問いかけ

☐私は、人材育成について、どのように考え、どのような取り組みを行っているだろうか。

☐私は、どのような人材育成上の課題を抱えているだろうか。

☐私は、多様な現実を理解するために、どのようにものごとをとらえ、どのようにものごとを考えているだろうか。

第Ⅱ章
人材育成の原理原則

探求する**問い**

▶ 人材育成とは、
　人材の何をどのように育てることか?

▶ そもそも人は、いかにして育つのか?

▶ 人材を育成するために、
　果たすべき企業の役割とは何か?

人材育成の原理原則とは

　第Ⅰ章では、社会と人材の多様化に伴い、多面思考を活用することが、人材育成において重要な鍵となることを示しました。ここで、具体的な多面思考の活用法について述べる前に、もう１つ忘れてはならないことがあります。それは、そもそもの人が育つ基本的なメカニズムを押さえること、人を育てる側からいえば、人材育成の原理原則を押さえることです。

　すでに見てきた通り、これまでの人材育成のやり方が、特定の状況下での成功事例の蓄積に基づく経験則に過ぎないとすれば、これまでの人材育成においては、普遍性の高い人材育成の原理原則を押さえていたとは、必ずしもいえません。そうではなくて、一定の条件のもと、帰納的に導き出された限定的な人材育成手法を、慣習的に適用してきたに過ぎないといえます。

　だとすれば、人材育成のための多面思考について考える前に、原点に立ち返り、今一度、「人材育成の原理原則」、すなわち、「人材育成に関する普遍性の高い考え方」について、押さえておく必要があります。したがって、本章では、効果的に多面思考を活用していくための土台として、まずは個別の条件や前提に関わらず成立する人が育つ基本原理について、理解を深めていきます。

1. 人材育成の枠組み

「みなが人材不足だといいますが、何から手をつければよいのでしょう」

　大手企業で事業本部長を務める山本さんは、事業本部として新たに掲げた長期ビジョンと中期計画を眺めながら、今後の事業展開について、大きな期待とともに強い不安を感じていました。「将来へ向けて、これからの

事業をいったい誰に託していけばいいのか。とりわけ、新たな収益源として成長を目指す新事業分野について、誰に将来を託していけばよいのか。適任者がいないとすれば、どうやってそうした人材を確保していけばいいのか」。考えれば考えるほど、どうみても今後の事業遂行に必要となる人材は不足しそうです。

　一方で、事業本部内の部課長の人材への関心は、全く別のところにあります。営業課長の小林さんは、ひとりで顧客対応ができる営業課員を増やすべく、日々の指導育成に重点を置いています。技術部長の中村さんは、現在進行中の開発案件を部下にもっと任せることができるよう、開発ノウハウの伝授に努めています。要するに、どこの部署も、現在の業務を十分遂行できる人材が足りないのです。このため、部課長は、部下が今の仕事をもっと高いレベルでできるようにすることが、すなわち、人材育成だと思っています。

　一方で、事業本部のメンバーは、自分自身の成長に関して、それぞれ異なる考えを持っています。今の事業において専門性を高めたいと思う人もいれば、他の事業分野に関心を持つ人もいます。将来の夢を描き、向上心に燃えているものもいれば、先のことなどわからないと、とりあえず現状維持を決め込んでいる人もいます。

　こうした現実の中、企画部長の加藤さんは、事業本部長である山本さんからの特命事項として、これからの事業に必要な人材を継続的に確保すべく、事業本部の人材育成計画をまとめるよう指示を受けました。これを受けて加藤さんは、何をどう進めていこうか、考えはじめました。「そもそも企業における人材育成とは何か。何をもって人材が育成できたと考えるのか。立場ごとの人材育成に対する考え方の違いを、どのように整理して行ったらよいのか……」。

経営における人材確保と人材育成

　企業には、達成すべき目標があります。企業は、この目標を達成するた

めの一連の筋道として戦略を定め、その戦略を実行します。その際、戦略の立案と実行に必要な事柄を具体的な仕事として洗い出すとともに、それらを担える人材を確保していきます。その上で、個々のやるべき仕事を適切な人材に割り当てます。ここで、より効果的かつ効率的な業務遂行を実現するためには、継続的に仕事と人の最適な組み合わせを実現することが欠かせません。言いかえると、「仕事と人をいかにマッチングしていくか」が、鍵を握ります（図2-1）（なお、最適なマッチングとは、第Ⅰ章でみたとおり、厳密にいえば、本人の育成の余地を踏まえた組み合わせになりますが、ここでは話を理解しやすくするため、以下、この点をいったん横におき、単純化して考えます）。

　ここで、仕事と人のマッチングを行うための方法について考えてみましょう。社内に適切な人材がいれば、社内異動による配置換えにより、社内に適切な人材がいない場合は、社外からの採用により、マッチングを行うことができます。例えば、営業部長が、何らかの事情で退職する場合は、社内での異動昇進、あるいは、外部からの経験者採用による補充が考えら

図2-1　仕事と人のマッチング

【"仕事"と"人材"の最適な組み合わせをいかに実現するか】

目標達成へ向けやるべき"仕事"　マッチング　やるべき仕事を遂行できる"人材"

ある時点で実現
↓
採用配置

一定の時間軸の中で実現
↓
人材育成

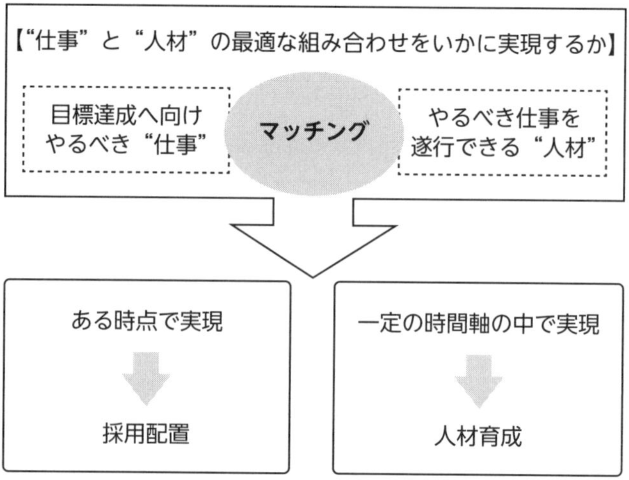

れます（補充が必要な仕事が社外へ委託可能な内容であれば、別の方法として、アウトソーシングも考えられます。例えば、自己完結的な定型業務であれば、外部への業務委託も選択肢にあがります）。

　しかしながら、現実の場面では、いずれの選択肢をとっても、即座に最適のマッチングができない事態が、しばしば生じます。こうした場合は、不十分ではあっても、いったん、取りうる選択肢の中で最善のマッチングを行い、一定の時間軸の中で、不足している部分を補っていくという考え方が必要です。例えば、空いた職位に対する適任者がいない場合、多少力量不足でも、就任後の成長を期待して、その職位に現有人材を充てる場合などは、これに該当します。これは、仕事と人のマッチングにおけるギャップを、一定の時間をかけて埋めていこうという考え方です。

　このように、事業遂行において必要な人材を確保するには、ある時点においてその実現を目指す"採用配置"と、一定の時間軸の中で実現を目指す"人材育成"という大きく2つの方法が考えられます。そして、"人材育成"は、現実として"採用配置"では実現できない問題について、一定の時間をかけて解決するものとして、位置づけることができます（このほかに、最適のマッチングを行うために、例えば業務分担の変更といった形で、仕事の分け方を変える方法もあります。しかしながら、人材が不足している中では、それだけで完全な組み合わせを実現することは難しく、いずれにせよ"採用配置"と"人材育成"を通じた人材確保が必要です）。

育てる側から見た人材育成

　このように考えてくると、企業における人材育成とは、「①会社が事業を遂行する上で必要とする人材の"あるべき姿"と②現有人材の"現状の姿"とのギャップを、③一定の時間軸の中で埋める取り組み」として考えることができます。育成したい個人に焦点を当てれば、「会社が求める"あるべき姿"を体現できる人材へと変化を促すこと」と言い換えられます（図2-2）。

第Ⅱ章
人材育成の原理原則

図2-2　人材育成のとらえ方

【人材育成：会社が求める"あるべき姿"を体現できる人材へと変化を促すこと】

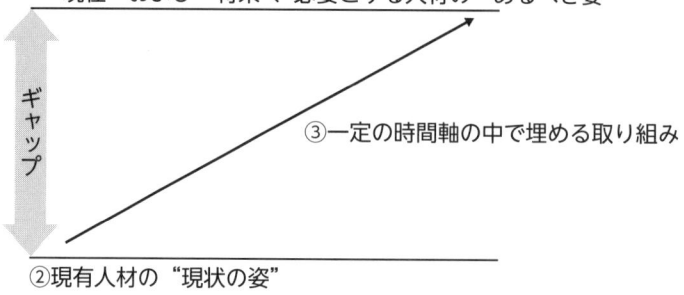

> 会社が求める姿と各個人が希望する姿について相互のすり合わせが必要

①会社が事業を遂行する上で、"現在"および"将来"、必要とする人材の"あるべき姿"

ギャップ

③一定の時間軸の中で埋める取り組み

②現有人材の"現状の姿"

　ここで、人材の"あるべき姿"に動態的な視点を加えると、企業として"現在必要な人材"だけでなく、"将来必要であろうと考えられる人材"を含め、最適な人と仕事のマッチングを時間軸の中で継続して実現していくための手段として、人材育成をとらえることができます。このことは、企業が計画的に人材を育成していくことにより、あらゆるタイミングにおいて、仕事と人の最適な組み合わせの実現確率を高めていくことを意味します。

　先の事例では、事業本部長の山本さんは、"将来必要であろうと考えられる人材"を、今から計画的に育成することで、より確実に確保できることを目指そうと考えています。そうすることで、山本さんは将来の人と仕事のマッチングの最適化を実現しようとしています。

　このような長期的な視点に立った計画的な人材育成は、企業の経営において鍵となるポジションを担う人材確保において、特に重要です。将来の幹部候補生に対する重点的な人材育成投資や幹部ポジションに関する後継者育成計画の策定などは、この典型的な実践例です。

一方、部課長クラスの小林さん、中村さんは、期待レベルに達していない部下たちに対し、日々の指導育成を通じて、現業務で必要な能力を高め、より短期的な時間軸の中で、人と仕事のマッチングの最適化を図ろうとしています。こうした各職場での育成指導は、現状の業務遂行において、生産性を高めていく上で欠かせません。現場での日常的な育成の取り組みは、1人ひとりが自律的主体的に働く力を養い、事業の最前線を支える人材基盤をつくることにより、いわゆる現場力を強化することにつながります。

　したがって、企画部長の加藤さんは、未来と現在、2つの視点を持って、必要な人材像の変化を動態的に描きながら、人材育成計画をまとめることが求められます。そうすることで、必要な人材と現有の人材のギャップを埋め、より適切な人と仕事のマッチングの実現確率を、一時的な状況としてではなく、継続的に高めることができるのです。

育つ側から見た人材育成

　ここで、企業における人材育成を、育つ側、すなわち、企業で働く個人の側から、とらえ直してみましょう。

　言うまでもなく、人間は自らの意志を持った生き物です。したがって、育てる側の会社や上司がどんなに望んでも、育つ主体としての部下が望まなければ、育てる側が望むような人材育成を実現することはできません。

　企業が求める人材育成の在り方と個人が望む自己成長のあり方の間には、往々にしてギャップが存在します。先の事例で見た通り、働く個人の仕事やキャリアに関する考え方はさまざまです。特に、働く側の人生観や仕事観が多様化する今日では、会社や上司の都合だけで描いたキャリアや育成方針を一方的に個人に押しつけることは、ますます難しくなっています。「社員は、会社の辞令に従い、どの部署のどんな仕事でも受け入れて働くべきだ」という考え方は、大きな転換が迫られています。また、「社員はみな自己成長を図り、より高い職位を目指してキャリアアップするこ

とが当然である」という発想も通用しなくなりつつあります。

　したがって、効果的な人材育成を進めるためには、会社が個人に求める育成方針と個人が希望する自己成長のあり方との間の差異を確認し、互いにすり合わせを行うことが欠かせません。働く人材の多様化が進めば進むほど、こうした差異を埋めるための個々の話し合いの重要性は高まることを見落としてはなりません。

人材育成の基本フレームワーク

　ここまで、企業における人材育成のとらえ方について、会社全体の視点から考えてきました。ここからは、より具体的に、各職場で個々の人材を育成することを想定して、人材育成の枠組みを見ていきましょう。

　先に示した通り、企業における人材育成とは、「①会社が事業を遂行する上で必要とする人材の"あるべき姿"と②現有人材の"現状の姿"とのギャップを、③一定の時間軸の中で埋める取り組み」であり、「会社が求める"あるべき姿"を体現できる人材へと変化を促すこと」です。この枠組みを、個人レベルに置きかえて考えると、育成対象となる個人に関して、①将来のある時点における"あるべき姿"を描く、②現状を把握する、③

図2-3　人材育成の基本フレームワーク

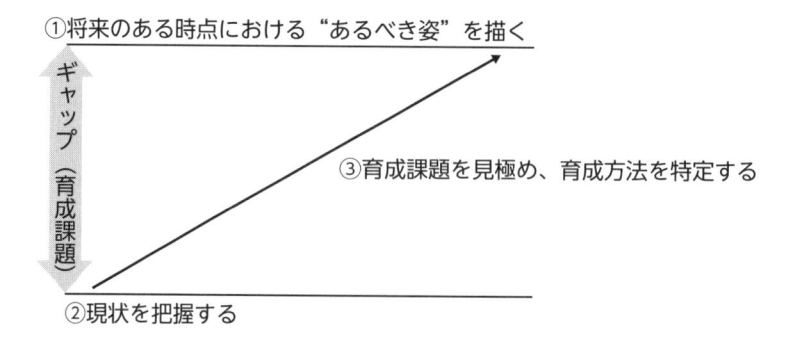

育成課題を見極め、育成方法を特定する、という３つのポイントを押さえる必要があることがわかります（図2-3）。

　では、おのおののポイントについて、具体的にどのように押さえていけばよいのか。以下、基本となる考え方を見ていきます。

将来へ向けた"あるべき姿"～4つの切り口で描く

　個人の人材育成について考える際、最初に明らかにすべきは、その人が目指す"あるべき姿"を描くことです。すなわち、将来のある時点において、その人が到達すべき育成ゴールとしての人材像を、明確にすることです。その際、現職務における短期的な育成ゴールと、今後のキャリアを踏まえた中長期的なゴール、両方の"あるべき姿"を描いておくことは、計画的な育成を考えるうえで重要です。

　では、どのようにして、"あるべき姿"を描くのか。その際、少なくとも４つの切り口について、考えておくことが大切です（図2-4）。

　第１の切り口は、事業特性の視点です。言うまでもなく、業界が異な

図2-4　"あるべき姿"を描くための４つの切り口

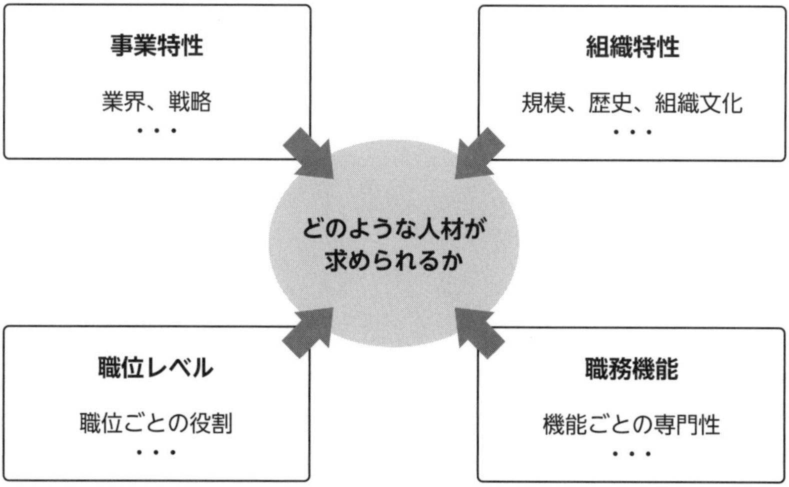

事業特性	組織特性
業界、戦略 ・・・	規模、歴史、組織文化 ・・・

どのような人材が
求められるか

職位レベル	職務機能
職位ごとの役割 ・・・	機能ごとの専門性 ・・・

れば、会社が求める人材像は異なってきます。同じ業界であっても、事業上の戦略が異なれば、そこで必要な人材像に相違が生まれます。例えば、製造業とサービス業、あるいは、効率で勝負する企業と斬新なアイデアで勝負する企業では、おのおの必要となる人材像に違いが出てくることは、容易に想像できます。したがって、経営の視点に立って、事業を取り巻く外部環境と自社の戦略のあり方を押さえ、自社の事業の特徴を踏まえた上で、人材のあり方を明らかにすることが、第1のポイントです。

第2の切り口は、組織特性の視点です。組織の規模や歴史、あるいは、組織文化によって、会社が求める人材像には違いが生まれます。例えば、伝統的な大企業と新興のベンチャー企業、あるいは、階層による格差が大きく上意下達でものごとを進める企業と、自由闊達で自律性を重んじる企業では、求める人材像は異なります。したがって、会社の組織の特徴を踏まえて、自社固有の人材のあり方を押さえることは、欠かせません。

第3の切り口は、職位レベルの視点です。通常、企業組織には階層があり、職位レベルごとに求められる役割が定められています。例えば、事業部長であれば、事業を通じて利益を生み出す、部長であれば、担当する機能を束ねるといったように、担当する事業や機能の分野にかかわらず、組織の職位レベルごとに共通の役割があります。したがって、育成する個人ごとに、いつまでにどの職位レベルを目指すのか、また、そこでの役割を果たすために必要な行動は何か、明確にしておくことが必要です。

第4の切り口は、職務機能の視点です。スタッフ部門とライン部門、あるいは、営業・技術・製造・法務・経理・購買・人事といった機能部門毎に、経営上担うべき役割は異なります。したがって、おのおのの役割を果たすためには、分野毎に異なる専門性が求められます。各個人が担うことになる機能によって、求められる専門性のレベルと範囲を明らかにしておくことが、4つ目のポイントです。

現状を把握する〜3つの要素に分解する

　目指すべき姿が明らかになったら、次に、育成対象となる人材の現状を把握することが必要です。ここでは、対象となる人材について、観察可能な行動レベルでの現状把握からはじめます。その上で、行動を支える3つの要素である知識・スキル・マインドセットに分解して、その人材の特徴を把握します（図2-5）。

　ここで知識とは、業界に関する知識、戦略・マーケティング・財務会計・人材組織といった経営知識、あるいは、業務上必要な専門知識など、ある領域について獲得された情報を指します。スキルとは、論理思考力、意思決定力、コミュニケーション力など、アウトプットを出すために必要な能力を指します。マインドセットとは、ものの見方や考え方、あるいは、物事に対する姿勢や態度など、行動の基礎となるものを指します。人は、これら3つの要素がそろって、はじめて具体的な行動を起こすことができます。平たくいえば、「知って（知識）」、「わかって・できて（スキル）」、

図2-5　行動と行動を支える3つの要素

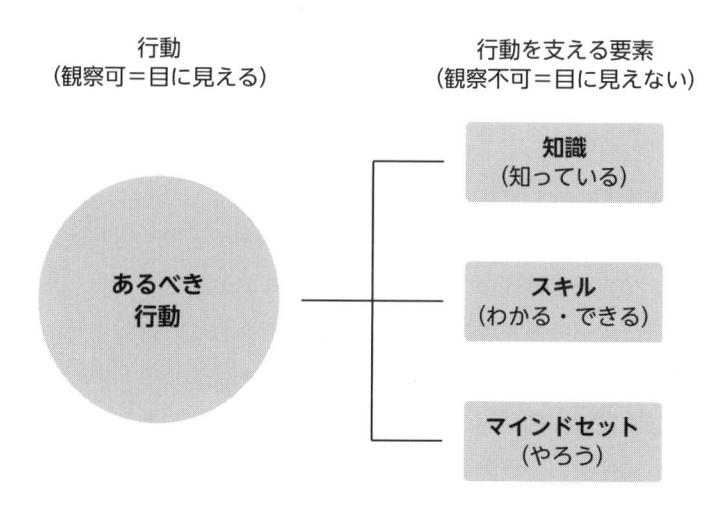

47

「やろう（マインドセット）」と思って、はじめて求められる「行動」が実現するといえます。

　人材の現状把握においては、こうした3つの要素に分解して、対象となる人材に求められる「あるべき行動」が、「どのような知識・スキル・マインドセットに支えられて実現しているのか、あるいは、していないのか」考察します。すなわち、目に見える行動をもとに、目に見えない具体的な要素を把握していきます。例えば、顧客に対し効果的な提案活動ができる人材は、顧客ニーズや自社の製品サービスに関する知識、分析力やプレゼンテーション力などのスキル、提案を通じた売上拡大を自分の責務と考えるマインドセットが、備わっていると考えられます。

育成課題を見極め、育成方法を特定する

　第3に、あるべき姿と現状が明らかになったら、両者のギャップを特定し、具体的な育成課題を見極めます。その際、両者のギャップは、観察できる行動レベルだけでなく、行動におけるギャップの原因がどこにあるのか、知識・スキル・マインドセットという要素レベルで見極めることが重要です。なぜならば、「○○の行動ができる」人材を育成するためには、「○○の行動を支える知識・スキル・マインドセット」を明らかにし、これら3つの要素レベルで、現状で満たしている要素と、そうでない要素を把握する必要があるからです。こうして、あるべき行動ができない原因を突き止められれば、そこを改善強化することで、本人の成長につなげることができます。

　育成課題が明確になったら、次は、知識・スキル・マインドセットの何をどのような方法で伸ばしていくのかを、具体的に特定します（図2-6）。

　ここで、育成上の優先課題が、知識の不足であれば、書籍やセミナーなどの座学を通じたインプットにより、知識獲得を促すことが中心になります。例えば、経理業務において簿記会計の知識を深め、あるいは、開発業務において最先端の技術動向を学んでもらうことは、こうした知識の強化

図2-6 育成すべき要素と育成方法

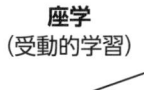

[育成すべき要素]

知識
(ある領域について
獲得された情報)

スキル
(アウトプットを出す
ために必要な能力)

マインドセット
(ものの見方・考え方、
姿勢・態度)

[育成方法]

座学
(受動的学習)

訓練
(能動的学習)

経験
(内省的学習)

にあたります。また、スキルの不足であれば、アウトプットを出す訓練により、そのスキルを磨いてもらうことが有効です。例えば、分析と議論を繰り返すことで論理的思考力を鍛え、あるいは、模擬演習やロールプレイを重ねることでコミュニケーション力を高めていくのは、スキルの強化に該当します。

　一方で、マインドセットに関する問題は、もう少し複雑です。というのも、マインドセットが、ものの見方や考え方、あるいは、物事に対する姿勢や態度であるとすれば、これらは、座学や訓練によって、簡単に変えられるものではないからです。しかしながら、現状のものの見方や考え方では解決できない困難に遭遇し、あるいは、現有の姿勢や態度に起因する問題に直面し、現在の自分のマインドセットの限界に気づくことができれば、自らマインドセットを見直し、新たなマインドセットを身につけることは可能です。言いかえると、マインドセットを磨くためには、経験を通じ本人が内省による学習を行うことが必要です。したがって、育てる側からみると、期待するマインドセットを養成するためには、いかに経験からの気

づきを促すことができるかが、ポイントとなります。

　ここで忘れてはならないことは、どんなに育成課題を的確に押さえ、それに合致した育成方法を提供しても、育成される本人に学ぶ意欲と学ぶ力がなければ、人は育たないという点です。会社や上司として、人を育てるための働きかけはできますが、実際に育つか否かは、育つ主体としての本人の学習の有無にかかっています。だとすれば、有効な育成の取り組みを行うためには、人はいかにして学び育つのか、そのメカニズムを理解しておく必要があります。そこで、次の節では、人が育つメカニズムを明らかにしていきます。

2. 人が育つメカニズム

「あの時の挫折が、今につながっています」

　事業部長の吉田さんは、次期役員候補と目されるほど、周囲からその実力を認められています。しかしながら、吉田さん自身は、若い頃に挫折を味わい、正直、自分がここまで来られるとは、思いもよりませんでした。

　吉田さんは、学生時代、大学院修士課程を修了するまでの間、国際学会で何度も発表を行うほど勉学に打ち込み、自分が専攻する技術分野での専門性を磨いてきました。また、現在の会社に就職してからは、学生時代に習得した技術を活かせる仕事に従事し、その分野の専門家としての頭角をあらわし、若くして課長に昇進しました。

　昇進後すぐ吉田さんは、自分の専門に深くかかわる新規開発プロジェクトのリーダーに抜擢されました。プロジェクトは多忙を極めましたが、もともと自分の関心がある分野であり、吉田さん自身、開発そのものについては、やりがいを感じながら、意欲的に取り組むことができました。

　一方で、プロジェクトメンバーを束ねることについては、大いに手こずりました。自分のやり方に固執するメンバーがいたり、残業や休出を嫌が

るメンバーがいたりで、なかなか自分が思うように動いてくれません。このため、ことあるごとに理路整然と説得を試みましたが、それでも納得しないメンバーに対しては、自分がリーダーなのだから言うことを聞くようにと、不本意ながら強権を発動することもありました。

また、営業部門や製造部門との調整には、さらに手を焼きました。特に、営業の責任者は、理詰めで説き伏せようとしても、全く受け入れず、しばしば言い争いになりました。こうした揉め事は、結果として、様々な意思決定の遅れにつながりました。

こうした困難の中、吉田さんは、とにかく論理的な妥当性にこだわり、筋を通すことによって、状況を打開しようと努めました。しかしながら、プロジェクトが進むにつれて、メンバーの士気は下がり、また、関係部門との調整も滞り、開発スケジュールはどんどん遅れていきます。

こうしたある日、吉田さんは、突然、上司の技術部長に呼ばれ、プロジェクトを離れ、研究所の技術担当課長に就くよう、言い渡されました。吉田さんにとっては、まさに青天の霹靂でした。周囲は、この異動を、明らかに吉田さんをプロジェクトから外すためのものだと噂しました。このことは、私生活も顧みずプロジェクトに注力してきた吉田さん自身にとっては、大きなショックでした。

吉田さんは、当時を次のように振り返ります。「結局のところ、私は、優れた技術者と優れたプロジェクトリーダーの違いが、わかっていませんでした。また、理屈を通せば、人は動いてくれると勝手に信じていました。当時の私は、周囲の言葉に、耳を貸そうとしませんでした。こうした自分の考え方の誤りに気づくことができたのは、つらかったけれども、この時の挫折の経験があったからに他なりません」。

育つ人材に見られる2つの違い〜学習機会と学習能力

会社で働く人々を、人の成長という視点から見ると、大きく伸びる人と、そうでない人とがいることに気づきます。では、育つ人材と、そうで

ない人材との間には、どのような違いがあるのでしょうか。

　自らの成長を考える時、人によっては、専門的な教育や研修を受講する、公的な資格を取得する、あるいは、ビジネススクールに通い MBA を取得するなど、仕事を離れた学習機会を頭に浮かべるかもしれません。もちろん、こうした社会人向けの学習機会が、個人の成長に寄与する面があることは否定できません。しかしながら、教育や研修だけで人材が育つわけではないことは、企業の現場を見れば明らかです。

　実際、多くの研修を受講し、あるいは、MBA や各種の資格を取得しても、代り映えのしない人もいるのが現実です。逆に、こうした教育研修機会に恵まれなくても、いわゆる現場からのたたき上げで、経営者に上り詰める人もいます。したがって、教育や研修といった職場を離れた学習の場は、うまく活用すれば有益であるけれども、成長を加速する 1 つのきっかけに過ぎないと見る方が妥当です。むしろ自己成長にとってより重要なことは、「日々の経験を通じて、いかに多くを学び、自分自身の変化につなげていくか」、という点です。

　では、経験を通じて、人はいかにして成長するのか。ここで人が育つメカニズムを理解するためには、「成長のための学習機会」と「経験からの

図2-7　経験を通じた人の成長

【経験を通じた成長のための基本要素】

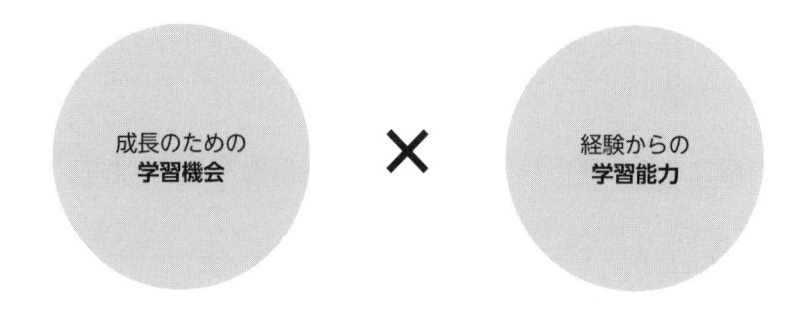

学習能力」の2つの基本要素を押さえる必要があります（図2-7）。

　先の例でいえば、プロジェクトリーダーとして参画すること自体が、ひとつの学習機会です。吉田さんは、プロジェクトでリーダーの役割を果たすという経験を通じて、初めてプロジェクトメンバーを束ねたり、関係部門との調整を行ったりする経験をすることができました。これらは、ある目標へ向けて人を動機づけ導く方法、あるいは、利害の対立する相手と協力して成果をだす方法を学ぶための貴重な機会としてとらえることができます。

　同時に、このような学習機会があっても、実際に、そこでの経験から学ぶ力がなければ、自己の成長にはつながりません。吉田さんの例でいえば、まずは、他者の動機づけや対人関係構築の進め方など、経験を振り返り、自身に欠けている点に気づくこと。その上で、試行錯誤を重ねながら、こうした点を伸ばしていくことが、経験からの学習につながります。

　したがって、人が育つためには、第1に「成長のための学習機会」が存在すること。第2に「経験からの学習能力」を備えることが必要です。

学習機会としてのチャレンジ

　では、成長のための学習機会として、どのような経験を積んでいけばよいのでしょうか。経験の内容や質によって、違いはあるのでしょうか。

　先の吉田さんの事例に戻って考えると、仮に吉田さんが、プロジェクトに関わることなく、最初から研究所の技術担当課長として、自分の得意な技術分野の専門家としての業務を担当していたら、吉田さん自身の成長にどのような違いが生まれていたでしょう。おそらく、メンバーや関係部門をめぐる諸問題に直面する場面は限られ、このタイミングで大きな挫折を経験することはなかったと推測できます。同時に、当該技術の専門家としての熟練度は増し、順調なキャリアを積むことができたかもしれません。

　しかしながら、実際の吉田さんはプロジェクトリーダーに抜擢され、メンバーや関係部門に関わる問題に十分な対処ができず、事実上、プロジェ

53

第Ⅱ章
人材育成の原理原則

クトから外されるという挫折を味わいます。同時に、自分は技術者として優秀であっても、リーダーとして他者を束ねるといった対人関係能力については著しく欠けていることに、自ら気づくきっかけを得ることができました。

　ここで、上述の2つのケースを比較した場合、吉田さん自身の成長に、どのような違いが生まれているでしょうか。前者は、大きな困難に直面することなく、比較的に順調に業務経験を重ねていくケースです。この場合、特定の技術など限られた分野において、業務への熟練度を高めるといった成長を遂げることはできます。しかしながら、自身の能力の幅を広げるような成長については、多くを期待できません。

　一方で、後者は、本人の現在の力量を大きく超える大きなチャレンジに遭遇し、種々の困難な経験を重ねていくケースです。この場合、これまでのやり方が通用しない場面も多く、その度に試行錯誤を重ねながら、時に成功し、時に失敗や挫折を繰り返しながら、これまでとは異なるスキルや考え方を身につけるという意味での成長を期待することができます。

図2-8　成長の二類型

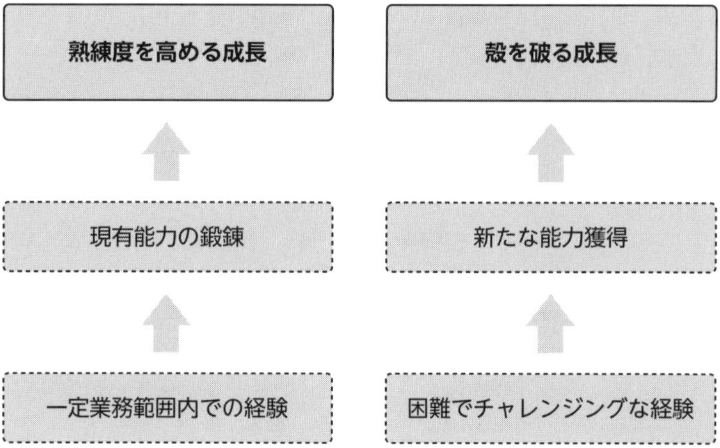

熟練度を高める成長	殻を破る成長
↑	↑
現有能力の鍛錬	新たな能力獲得
↑	↑
一定業務範囲内での経験	困難でチャレンジングな経験

このように考えると、一定の手慣れた業務範囲内で経験を重ねることは、熟練度を高めるのに役立ちますが、本人の殻を破るような成長を促すことはできない。一方で、困難でチャレンジングな経験を経ることは、これまでの本人の枠を超え、一皮剥けるような成長の貴重な機会となり得る。したがって、人が大きく育つためには、失敗を恐れず、リスクを取ってチャレンジし、困難に直面する機会が存在することが、必要となります（図2-8）。

学習能力としての気づき

　では、こうした経験という学習機会を効果的に活かしていくためには、いかにして経験から学んでいけばよいのでしょうか。ここでは、吉田さんがいかに経験から学習したかを例にとって、見ていきましょう。

　経験から学びを得るために、まず必要なことは、自らの経験を一歩離れて客観的に振り返り、内省することです。困難な経験を積んでも、「ああ大変だった」で終わらせてしまっては、何も学びを得ることはできません。その経験において、「自分自身ができたこと、できなかったこと」を振り返る。「なぜできたのか、なぜできなかったのか」、自分の強みと弱みを俯瞰的にとらえ直す。こうして自分自身に潜む成功と失敗の原因を把握し、それを受け止めることが重要です。吉田さんの場合には、プロジェクトの苦い経験を通じて、対人関係面での自分自身の弱みを認識しました。同時に、こうした問題の裏には、何事も理屈で人を動かそうとする自分の考え方に原因があることに気づきます。

　次に行うべきことは、自らの気づきを踏まえ、「自分自身の何をどのように変えていく必要があるのか」、今後へ向けての自分自身に関する教訓を引き出すことです。その上で、経験から得た教訓に基づき、自らの新たな行動指針を定め、次の経験の中でそれを実践し、さらにその経験から教訓を得ていきます。こうした学習のサイクルを回すことができれば、個人は経験からの継続的な学習を通じて、成長をはかることができます。

吉田さんの場合は、プロジェクトを振り返ることで、「人は感情を持った生き物であり、他者を動かすためには、理屈だけでなく、相手の気持ちを踏まえて行動することが不可欠である」という教訓を得ることができました。その上で、「一方的に理詰めで相手を説得するのではなく、相手の話に耳を傾け、相手の感情を受け止めた上で、双方向のコミュニケーションをはかる」ことを実践していきました。初めのうちは試行錯誤の連続でしたが、こうした努力を重ね、さらなる振り返りを続けることで、徐々に対人関係に関わる力を身につけていきました。

学習における内省レベル

　ここで、経験からの学習を最大化するには、もう1点、振り返りにおける内省のレベルの違いを理解しておくことが大切です（図2-9）。
　一例として、吉田さんの「理屈で他者を動かそうとしたが、うまくいか

図2-9　学習における内省レベル

| ［経験］ | 理屈で他者を動かそうとしたが、うまくいかず失敗した。 |

| | 浅い内省 | 深い内省 |

| ［教訓］ | 【ノウハウ・レベル】
（コミュニケーション手法の問題）

「相手が論理で納得しないときには、感情に訴える話し方を試すとよい」 | 【マインドセット・レベル】
（自分のものの考え方の問題）

「自分には、"人は論理で動く"との思い込みがあった。これからは、論理とともに相手の感情への配慮を忘れないようにしよう」 |

| ［活かせる場面］ | 【限定的】
相手が理屈で
納得しない場面 | 【汎用的】
対人関係における
あらゆる場面 |

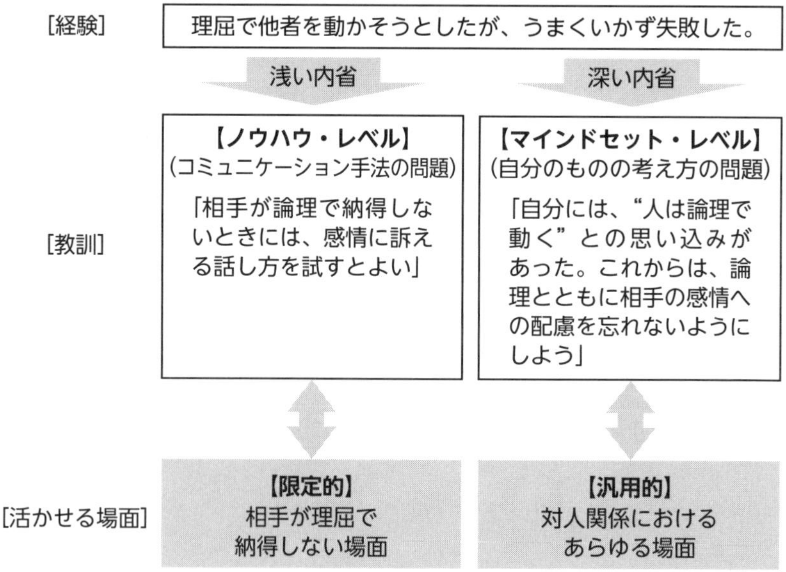

ず失敗した」という経験について考えてみましょう。吉田さんが、この経験を単に「コミュニケーション手法の問題」ととらえ、「相手が論理で納得しないときには、感情に訴える話し方を試すとよい」という教訓のみを得たとすれば、そこでの学びはコミュニケーションにおけるノウハウの蓄積に留まります。一方で、これを「自分のものの考え方の問題」としてとらえ、「自分には、"人は論理で動く"との思い込みがあった。これからは、論理とともに相手の感情への配慮を忘れないようにしよう」という教訓を得たとすれば、そこでの学びは自分自身のマインドセットの見直しにつながるものです。

　ここで両者を比較すると、前者の教訓は、今後、相手が理屈で納得しない場面に遭遇した場合にのみ活用できます。一方で、後者は、対人関係におけるあらゆる場面で汎用的に活かすことができます。また、後者は、前者のやり方が有効である根本的な理由を理解しているという意味で、より深いものといえます。いうまでもなく、前者の教訓よりも、後者の教訓を得た方が、より大きな成長につなげることができます。

　このように、学習機会としての経験を活かし成長するためには、単にノウハウレベルではなく、自らのマインドセットレベルまで踏み込んだ内省ができるか否かが、重要な鍵です。経験から教訓を得るためには、自らの姿を謙虚に振り返り、気づきを得ることが必要です。逆にいえば、そうした気づきがきっかけとなり、人は自分自身についての教訓を引き出し、成長することができます。その意味で、気づきとは「自らが変わる瞬間」だといえます。実際、一線の経営者の回顧録などで、自己の修羅場体験を振り返り、そこから得た気づきと教訓を自己成長の糧としたといったエピソードを目にすることは少なくありません。

　人が育つためには、学習機会としての経験を重ね、同時に、そうした経験から多くを学ぶことが欠かせません。すなわち、「成長のための学習機会」と「経験からの学習能力」の2つの基本要素が、人が育つメカニズムの鍵となるのです。

第II章
人材育成の原理原則

3. 人材育成を促す上司と組織のあり方

「事業部長の統率力には、みなが一目を置いています」

　事業部長の山田さんは、誰もが認める強い統率力を武器に、赤字事業を黒字回復させた実績から、社内の誰もが一目置く存在です。実際、営業、技術、製造から、経営管理に至るまで幅広い見識を有し、かつ、利益創出のためのビジネスセンスにも長けています。山田さん自身も、自分の十分な関与があれば、無駄な失敗を防ぎ、確実に事業を前に進めることができると考えています。また、業績への執着は人一倍強く、どんなに厳しい状況でも最後まで諦めず、何事にも手を抜くことなく最大限の努力を持って臨みます。

　昨年度も、年度途中で市場に思わぬ逆風が吹き、第3四半期が終わった時点では、誰もが年度予算の達成は絶望的だと思う状況でした。こうした中、山田さんは、自ら精力的に現場に赴き、毎日のように各部門に報告を求め、集めた情報をもとに自ら対策を練り、具体的な指示を出すなど、通常以上にきめ細かな管理を行いました。一方、事業部のメンバーは、何らかの問題に直面すると、すぐにマネジャーを通じて山田さんに報告を上げ、山田さんからの指示を仰ぎ、問題解決に努めました。こうして、山田さんの強い指導により第4四半期の事業に取り組んだ結果、年度末には、みなが無理だと考えていた予算達成を果たすことができたのです。

　新年度に入ると、山田さんは、同じ轍を踏むことのないよう、第1四半期から、これまでにも増して、日々の業務に細かく関わるようにしています。また、事業部の各メンバーも、頻繁に報告・連絡・相談を行い、山田さんからの指示に沿って仕事を進めています。こうしたやり方が功を奏しているためか、今年度は、事業は計画通り順調に進んでいます。

　こうした山田さんについて、事業部のマネジャーやメンバーは、次のよ

うに語ります。

「山田さんはとにかく業績にこだわります。正直、きついです。他の人と話をする余裕もありません。でも、山田さんについていけば、どんな数字も達成できてしまうのが、山田さんのすごいところです」、「山田さんは、何でも知っています。困った時に、自分で悩むのは、時間の無駄です。すぐに山田さんの指示を仰げば、ほとんどの問題は解決します」、「仕事において、失敗は許されません。自分の勝手な判断で失敗したら、とことん詰められます。だからこそ、失敗しないよう、誰もが山田さんへの報連相を欠かしません。逆にいえば、そこさえ押さえておけば、安心です」。

上司の役割〜育てるのではなく、育つ状態をつくる

人が育つメカニズム、中でも経験を通じた個人の成長のしくみを振り返ると、上司による一方的な指示命令では、人が育たないことがわかります。上司が指示命令に基づく厳しい指導を行えば、目に見えるその場の部下の行動が改善し、あたかも部下が成長したように感じるかもしれません。しかしながら、強制力によって変化した部下の行動は、その強制力がなくなれば、元に戻ります。山田さんの例でいえば、事業部のメンバーは、山田さんの指示という強制力にしたがって動いているだけで、そこにメンバーの成長はみられません（強制的な訓練によって、知識やスキルが鍛えられることはありますが、強制力がなくなれば、知識やスキルの向上は停止し、その活用も止まります）。

したがって、一方的な指示命令により部下の行動変化を促す指導は、緊急時に即効性のある改善策としては必要ですが、中長期的な人材育成という観点においては、有効なものとは言えません。人が変わり成長するためには、本人の内面において、「自らが変わる必要がある」という気づきが生まれることが欠かせないのです。

このように考えてくると、「そもそも上司は部下を育てることができない、上司としてできることがあるとすれば、それは"人を育てること"で

はなく、"人が自ら育つ状態をつくること" である」ことが理解できます。

いかにして人が育つ状態をつくるか

　では、人が育つ状態を作るために、上司として行うべきこととは何でしょうか。人が育つメカニズムを踏まえると、大きく2つの点を押さえなければなりません（図2-10）。

　第1に、仕事を通じた学習機会としてのチャレンジを与えること。すなわち、部下1人ひとりの業務分担を決めるにあたって、短期的な業務効率のみを考えて仕事を割り振るのではなく、本人の現有能力を踏まえ、今後の成長に繋がるような業務のアサインメントを一定の割合で組み込むことです。

　例えば、IT に関する新たな知識習得を促したいのであれば、その知識を使わないとできない仕事を与える。交渉のスキルをアップさせたいのであれば、社内外の関係者に対し、頻繁に折衝を行う必要がある業務を任せる。あるいは、指示待ち傾向のある部下のマインドセットを変えたいので

図2-10　部下の成長と上司の役割

【上司：人が育つ状態をつくる】

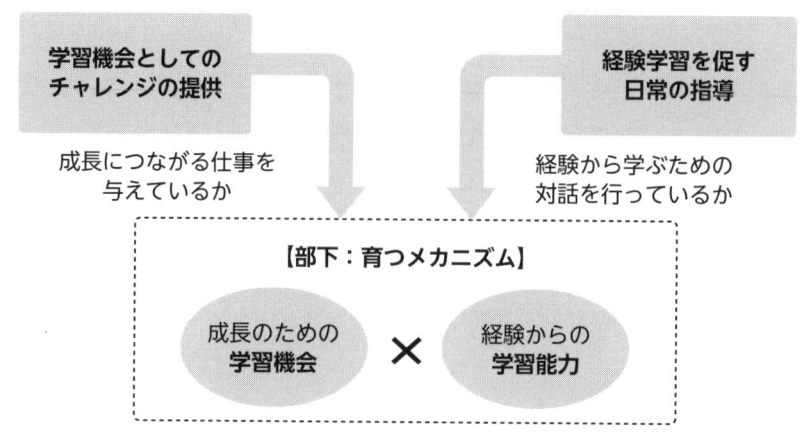

あれば、新たな提言の機会を与えると言ったやり方が考えられます。

　また、殻を破るような成長を期待する場合には、これまでの仕事のやり方では対処できないような難しい業務にチャレンジさせる。あるいは、担当業務そのものの変更、未経験の分野への異動、大きな役割転換を伴うような昇進といった思い切ったチャレンジ機会の提供が効果的です。

　第2は、経験からの学習を促進するよう日々の指導を行うこと。すなわち、部下自身が、業務経験の振り返りを通じて気づきを得て、そこから次の業務につながる教訓を引き出せるよう、上司からの一方的な指示命令ではなく、部下の主体性を基本とした双方向の対話を持つことです。

　例えば、割り振った仕事の進捗確認や成果のレビューに際して、部下に自己評価を行わせることで、主体的な振り返りを促す。本人が見落としている点があれば、客観的な事実ベースでのフィードバックを行う。あるいは、視点を変える問いかけを通じて、自分自身の現状を客観的に見つめ直し、自らの課題と改善策について考えを深めてもらうといった指導のやり方が考えられます。

結果を生み出す指導と、育成を促す指導の違い

　ここで注意しておきたいのが、日常の業務においてより良い結果を効率的に生み出すために行う指導と、部下の育成を促す指導には、大きな違いがあるという点です（図2-11）。

　山田さんの例に見られる通り、部下よりも上司の方が、適切な仕事のやり方を熟知しているとすれば、部下自身に主体的に考えさせるよりも、わかっている上司が、わかっていない部下に対して、指示命令を行い管理したほうが、迅速かつ効率的に結果を生み出せます。しかしながら、こうしたやり方を続けると、部下は受け身の姿勢を強め、指示待ちの部下を生み出すことになりかねません。

　逆に、思い切って権限を委譲し、チャレンジを与え、同時に、意図的に指示命令を控え、主体的な振り返りを促すことは、部下の成長機会を広げ

図2-11　結果を生み出す指導、育成を促す指導

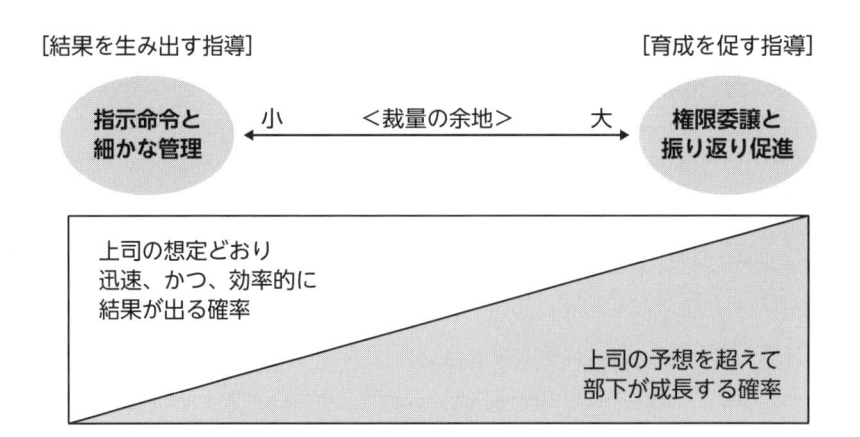

ることにつながります。しかしながら、こうしたやり方は、手間ひまがかかると同時に、期待した通りに仕事が進まず、効率が低下したり、失敗したりする可能性を高めることになります。

　上司としては、できるだけ迅速に、かつ、失敗を避けながら、業務上の結果を出すに越したことはありません。したがって、上司は、しばしば結果を生み出すための指導に偏り、いつのまにか、育成を促す指導がおろそかになる傾向があります。しかしながら、第Ⅰ章で触れた通り、短期的な結果を重視しすぎると、人材育成が後手に回り、将来の結果創出のための基盤を損なうことにつながります。

　上司も部下も、失敗を避けたいという心理は同じかもしれません。一方で、長期的な視点に立つと、現在の失敗を将来の成功の糧とすることができれば、その失敗は、無駄な失敗ではなくなります。前節の吉田さんの事例でみたとおり、こうした失敗による挫折の経験が、自分自身の改善点の認識につながり、そこを改善することで、期待を上回る個人の成長につながることは少なくありません。失敗の効用は、人材の育成に際しては、忘れてはならない重要なポイントです。

このように、上司は、人材育成に取り組む場合、まずは「部下を育てる」のではなく、「部下が自ら育つ状態をつくる」という基本的な考え方を押さえることが大切です。その上で、「部下が自ら育つ状態の実現は、上司の仕事の与え方と日々の指導のあり方に大きく左右される」ことを、十分に認識しておかねばなりません。

人材が育たない組織の特徴

すでに見たとおり、人材育成に関して、他者ができることは、直接人を育てることではなく、人が自ら育つ状態をつくることです。とすれば、会社としては、各職場の上司が、部下にチャレンジを与え、経験から学べるように指導を行うことで、部下が自ら育ちやすい状態をつくるだけでは十分ではありません。もう一段広い視点に立って、経営幹部が、人が自ら育つ組織環境を築くことを考えることが必要です。なぜならば、会社や部門の組織環境は、上司の育成への取り組みと部下の成長に大きな影響を与えるからです。

では、人が育つ組織と育たない組織では、どのような環境の違いがあるのでしょうか。ここで、改めて、山田さんの事例について考えてみましょう。

山田さんが率いる事業部は、少なくとも短期的に仕事の結果を出すという意味においては、優れた組織です。具体的には、類稀なる山田さんの優れた能力を前提に、必要な情報を中央集権的に集め、山田さんが判断と指示を行い、それにしたがってメンバーが忠実に動くことで、迅速かつ確実な結果の創出につなげています。こうした組織は、山田さんが組織の長として適切な命令を下す限りにおいて、高い有効性を発揮します。但し、山田さんが判断を誤ったり、道を踏み外したりすることがあれば、この限りではありません。

一方で、山田さんが率いる事業部は、人が育つという意味においては、必ずしも優れた組織とは言えません。第1に、マネジャーもメンバーも

山田さんの優れた能力に頼り、自ら考え判断することを放棄しています。ひょっとすると、山田さんに正面から物申せる人は、誰もいない状態かもしれません。第2に、仕事の結果にこだわる一方で、人に対する関心が希薄です。事業上の結果ばかりに執着することは、人材育成の軽視につながります。第3に、失敗の回避を優先するあまり、メンバーが新たなチャレンジをする機会を失っています。結果として、事業部全体として自己成長に必要な学習機会が奪われています。

　このような組織の状態では、事業部内の人材育成はままなりません。さらにいえば、山田さん退任後の後継者問題、ひいては、組織の継続性の問題をも生み出すことになります。カリスマ経営者が率いてきた好業績企業が、その退任に伴い、急速な業績悪化に見舞われることがあります。これは、山田さんの組織と同様の問題が、退任を機に顕在化した結果と見ることができます。

　このように、山田さんのようなトップダウンによる指示命令型の組織運営スタイルは、主体性よりも上位への忠誠と服従、持続的成長よりも短期的結果、チャレンジによる学習よりも失敗の回避を優先する組織文化を生み出します。言うまでもなく、こうした特徴を持つ組織の中で、上司は部下育成への関心を失い、部下は自己成長への動機を失います。また、経験からの学習機会も、振り返りを通じた学習も限られ、人が育たない状態が恒常化します。

　もちろん、赤字企業の事業再生フェーズなど、企業には、指示命令型の組織運営スタイルにより、一気に改革を進める必要がある局面が存在することは、否定しません。しかしながら、こうしたやり方を長期間続けることは、人材育成を阻む組織文化を醸成し、人が育たない組織環境を生み出すことを忘れてはなりません。

人材が育つ組織の条件

　それでは、人が育つ組織とは、どのようなものでしょうか（図2-12）。

図2-12 人が育つ組織、育たない組織

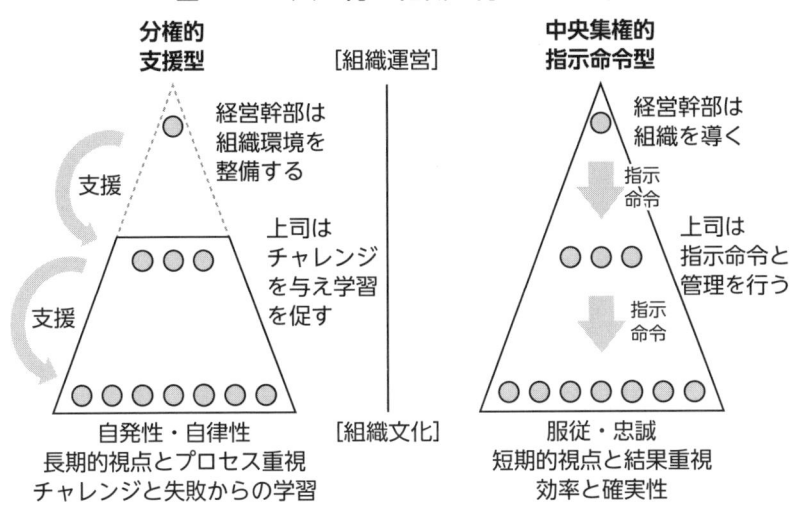

**分権的
支援型**　　[組織運営]　　**中央集権的
指示命令型**

経営幹部は
組織環境を
整備する

支援

上司は
チャレンジ
を与え学習
を促す

支援

自発性・自律性　　[組織文化]
長期的視点とプロセス重視
チャレンジと失敗からの学習

経営幹部は
組織を導く

指示
命令

上司は
指示命令と
管理を行う

指示
命令

服従・忠誠
短期的視点と結果重視
効率と確実性

　第1に、人が育つ組織は、中央集権ではなく分権的で、権限委譲による支援型の組織運営スタイルが定着しています。すなわち、組織メンバーに対して、できる限り裁量を与え、メンバーが主体的に考え、判断し、行動する機会をつくります。同時に、上位者は、直接的に内容について具体的指示命令を行うよりも、本人の自主的活動が適切に促されるよう、思考の枠組みやプロセスについて、問いかけを通じて考えさせながら、メンバーを支援することに重きをおきます。

　例えば、部門長として、企画課に対し、新たな戦略立案を指示すると仮定しましょう。ここで、戦略の具体的な内容について、部門長が細かく口を挟めば挟むほど、自分の思い通りの戦略ができる可能性は高まります、一方で、部下の持つアイデアは封印され、部下の主体性は失われます。だからと言って、完全な丸投げでは業務が滞り、あるいは、不十分な戦略立案に留まる危険性があります。そこで、直接的な内容に関する介入を控えつつ、「そもそも、戦略立案においては、何を考えるべきか」「顧客は誰か、競合はどこか、我々の強みは何か」「これまでとの違いは何か」「隠れた機

会、あるいは、脅威はないか」「実行面での問題はないか」など、企画課のメンバーが自ら適切に内容を検討していくために必要なものの見方や考え方を問いかけることで、メンバーの主体性を保ちながら、間接的な支援による指導育成をはかることができます。

　第2に、人が育つ組織は、支援型の組織運営により、自発性と自律性の重視、長期的視点と結果を生み出すプロセスの尊重、チャレンジと失敗からの学習の奨励など、自ら人が育ちやすい組織文化を築いています。同時に、各個人が非難されることなく安全に自己開示を行い、他者からのフィードバックやアドバイスを受け、改善へ向けて学びあい、自己成長につなげることが、習慣化されています。

　ここで誤解してはならないことは、こうした組織文化は、事業上の結果を軽視しているわけではない点です。そうではなくて、結果を生み出す源泉としての人材に焦点をあて、人材育成を通じた人材力強化によって、持続的に事業上の成果を拡大することを重視します。したがって、常に仕事と人の関係を考え、日々の業務1つひとつを、人材育成機会として活かしながら、事業活動を進めます。

　例えば、事業上の意思決定を行うために、ある会議を開催するとします。当然のことながら、この会議の目的は、さまざまな意見を出し合い、より多くの知恵を集めて、よりよい意思決定を行い、事業成果につなげていくことです。しかしながら、見方を変えれば、こうした会議の場は、意思決定と同時に、適切な意思決定の考え方やプロセスを学ぶ貴重な学習機会としてとらえ、活用することができます。例えば、会議への参加者は、こうした会議のプロセスを通じて、事業分析のための考え方を学び、事業上の判断基準を理解することができます。また、建設的な意見対立から新たな考えを引き出すファシリテーションの進め方を知り、あるいは、意思決定で生じがちな心理的バイアスについて学ぶことができるかもしれません。

　このように、人が自ら育つためには、人が育たない組織の特徴を取り除き、人が自ら育つ組織環境を整備することが必要です。そのために、経営

幹部は、権限委譲を通じた分権的支援型の組織運営を進めるとともに、継続的な事業成果の源泉である人材育成重視の組織文化を築くことが欠かせないのです。

要 点

- 企業における人材育成は、「会社が求める"あるべき姿"を体現できる人材へと、従業員の変化を促す取り組み」としてとらえることができる。育成にあたっては、3つのポイントを押さえることが重要だ。第1に、4つの視点（事業特性、組織特性、職位レベル、職務機能）から"あるべき姿"を描くこと。第2に、育成対象者の現状を、行動を支える3つの要素（知識・スキル・マインドセット）に分解して、把握すること。第3に、把握した要素レベルで育成課題を見極め、各要素を伸ばすために有効な育成方法を特定することである。
- 人が育つためには、"成長のための学習機会"、および、"経験からの学習能力"という2つの要素が欠かせない。人は困難でチャレンジングな経験を通じて、より大きな学習機会を得ることができる。また、自らの経験を客観的に振り返り、新たな気づきと教訓を引き出すことで、経験からより多くの学びを得ることができる。
- 人材育成における上司の役割とは、直接人を育てることではなく、人が自ら育つ状態をつくることだ。すなわち、仕事を通じた学習機会としてのチャレンジを与えること、そして、経験からの学習を促進するよう日々の指導を行うことである。また、そこでの経営幹部の役割とは、人が自ら育つ組織環境を築くこと。すなわち、権限委譲を通じた支援型の組織運営スタイルを取り入れ、同時に、継続的な事業成果を生み出す源泉としての人材育成重視の組織文化を築くことである。

自分への問いかけ

□私は、人材育成に関し、誰の何をどのように育てているのだろうか。
□私は、どのようにして人が育つと考えているのだろうか。
□私は、人材を育てるにあたり、どのような役割を果たしているのだろうか。

人材育成のための多面思考

探求する問い

▶ 人材育成の有効性を決める
  主たる要因は何か?

▶ 人材と組織を見るために有効な多面思考とは、
  どのようなものか?

▶ 人材育成について多面的に考えるためには、
  どのような視点が必要か?

第Ⅰ章では、人材育成に関して、社会と人材の多様化に伴う多面思考活用の必要性を、第Ⅱ章では、人材育成の原点に立ち返り、人が育つ基本的なメカニズム、ならびに、人材育成の原理原則を示してきました。

そこで、第Ⅲ章では、ここまでの考察を踏まえ、人が育つ基本原理をもとに、人材育成の有効性を決定づける要因について考察します。同時に、人材の多様化に伴い必要とされている多面思考とは何かを明らかにします。その上で、人材育成の有効性を決める各要素について、多面的に考えるための視点を提示します。

1. 人材育成の鍵

「人が育たないのは、誰のせいでしょうか」

人事部長の佐々木さんは、今年度初めて導入した従業員意識調査の結果を見て、愕然とした思いを隠せませんでした。創業以来「企業は人なり。人の成長があってこそ、企業は成長する」という基本理念を掲げていたにも関わらず、今回の調査結果では、自己の成長やキャリア形成、ならびに、上司の指導育成に関する調査項目の満足度が、他の項目に比べて極端に低かったためです。このような基本理念と現実との乖離を示す不満は、調査の一部を構成するフリーコメント欄にも、数多く述べられています。佐々木さん自身、人材が思うように育っていないという漠然とした感覚は持っていたものの、ここまで厳しい調査結果が出るとは、正直思っていませんでした。

従業員からのフリーコメントには、「上司は仕事の結果ばかりを気にして、そもそも部下の指導や育成には関心がない」「上司の指導は、これまでの自分のやり方を押しつけるばかりで、話をするたびにモチベーション

が下がる」「評価面談における上司からのフィードバックが曖昧で、自分自身何をどう改善すべきか、よくわからない」といった上司の部下指導のあり方に対する批判的な意見が多く見られました。

一方、調査結果を受け取った経営幹部は、今回の結果から、管理職層の指導育成力の不足が重要課題だと考え、今後の管理職のマネジメント力向上に役立てるべく、各部署の管理職以上に対して、調査結果を開示するよう、指示がだされました。

ところが、マネジャーたちは、調査結果を見て、経営幹部のねらいとは、正反対の反応を示しました。調査の結果を真摯に受け止め、自分自身の指導育成の改善に役立てようとする前向きな姿勢はほとんど見られず、むしろ、まともに調査結果を読むことすらしないか、あるいは、目を通したとしても、「日常の指導育成にも関わらず、こうした結果が出るのは、部下の側に問題があるからだ」と、他責に走るマネジャーがほとんどです。

そこで、佐々木さんは、マネジャーの反発の真意を探ろうと、毎年実施しているマネジャー向け研修の冒頭に、従業員意識調査のねらいを改めて説明し、調査結果に対する参加者からの忌憚のない意見を求めました。ところが、そこで出てきたマネジャーの発言は、予想を上回る否定的なものでした。

主な意見を拾うと、「自分たちの若いころに比べれば、懇切丁寧な指導育成を行っている。問題は部下の資質の方だ」「能力のない人材を採用した人事部門にも責任があるのでは」「今の人事制度では、育成しても評価されないので、育成への動機づけが働かない」「育成のために研修を受けさせようと思っても、適当なプログラムが整備されていない」「口では人を大切にするといいながら、経営幹部がもっぱら短期業績ばかりにとらわれている現状では、現場の人材育成はどうにもならない」など、部下、人事部門、人事制度、ひいては、経営幹部の責任を問う発言まで出てくる始末です。

佐々木さんは、マネジャーから本音の発言が出てきたことを前向きに受

け止めようとしながらも、頭の中では、「我社で人が育たないのは、本当のところ、誰のせいなのか」という疑問が渦巻いていました。

上司に恵まれない部下

　企業における人材育成の成否は、何によって決まるのでしょうか。最初に頭に浮かぶのは、部下育成の直接的な当事者である上司の力量です。先の事例における従業員のコメントにもみられる通り、部下に対して上司が適切な指導育成を行わなければ、本来育つはずの部下も、自ら改善すべきポイントを理解できず、あるいは、仕事や自己成長に関する意欲を失い、思うように育つことはできません。

　企業組織においては、一般に、組織の上位者ほど多くの権限があります。したがって、上司は部下よりも多くの権限を持ち、より強い立場にあります。中でも、人事評価の権限については、それを上司が持つ限り、その組織における部下の処遇が上司の裁量に大きく委ねられているという意味において、大きな影響力を持ちます。それゆえ、部下が上司に逆らうことは容易ではなく、基本的には、上司に従わざるを得ません。一方で、現実問題として、部下は、上司のことが気に入らなくても、上司を選ぶことができません。

　こうした状況下では、仮に上司の指導が不適切であっても、それに対して部下が自分の思うような行動を取ることには限界があります。自分の意思で選択したことでなければ、結果について自ら責任を負うことはできません。したがって、仮に上司の指導に沿って行動することが、部下の成長を阻害しているとすれば、その責任は上司にあると言わざるを得ません。

　人材育成の原理原則で触れたとおり、上司が行き過ぎた指示命令や管理を行うと、部下の成長機会は限られます。このような上司の不適切な指示指導が原因で、部下の成長が妨げられる状況は、しばしば見られます。さらにいえば、パワーハラスメントをはじめ、上司の不適切な指導で、部下が心身の不調をきたすなど、自己成長の芽が摘まれるだけでなく、働く機

会そのものを奪われてしまう実例も、少なくありません。こうした状況は、部下から見れば、「上司に恵まれない」不幸な現実に他なりません。このように、人材育成の成否を左右する1つ目の要因は、「育成当事者としての上司」です。

部下に恵まれない上司

一方で、人材育成の責任全てを上司の力量のせいにすることにも問題があります。たとえ上司の指導育成力が不足していても、自らの主体的な努力と工夫によって、大きな成長を遂げる部下は存在します。逆に、どんな上司のもとでも、いっこうに成長が見られない部下もいます。したがって、人材育成の成否を左右する2つ目の要因は、育つ主体としての部下にあります。

上述の通り、業務遂行にあたり、部下は上司の支配下にあります。しかしながら、部下は全てを上司に支配されるわけではありません。育つ主体としての部下は、業務遂行の過程で、自らの裁量範囲の中で、自己成長のためのさまざまな工夫を行うことが可能です。あえていえば、恵まれない上司に仕えるという困難な経験から、自ら学びを得て成長するケースもあります。また、社外セミナーや自主勉強会など、職場以外にも自己成長の取り組み機会は存在します。

逆に、どんなに優れた上司でも、現状に安住し成長意欲がない部下の育成には、一定の限界があります。したがって、上司に恵まれないからという理由で、部下は自分自身の成長に関する責任を、100%上司に押しつけることはできません。

実際問題として、上司の立場で育成のためのあらゆる努力を行ったにも関わらず、特定の部下だけが思うように成長してくれない場面を目にすることがあります。こうした現実に直面すると、上司は、「部下に恵まれない」不運を感じます。このように、人材育成の有効性を決める2つ目の要因は、「育つ主体としての部下」です。

人材育成を阻む組織環境

　では、上司が指導育成力に長け、部下が自己成長への意欲と能力を備えていれば、人材育成は円滑に進むのでしょうか。ここで、組織全体に視点を広げると、上司と部下の力量の他にも、人材育成の成否に大きな影響を与える要因があることがわかります。

　例えば、多くの日本企業において、新卒一括採用とその配属では、人事部門が主導的な役割を果たし、採用後の人事異動については、人事権を持つ部門長が、主たる決定権を持ちます。また、入社後の昇格昇進においては、どんなに優秀で大きな実績をあげても、一定の経験年数を経るまでは、人事制度上、上位の職位につくことができないといった制約があります。こうした状況のもとでは、職場のマネジャーは、想定外の配属や異動によって、適切な業務アサインメントや計画的な育成計画が阻害される、あるいは、育成へ向けたチャレンジ機会としての人事異動や昇進昇格がタイムリーに実現できないといった問題に遭遇します。

　また、経営幹部の発言や行動は、その配下の組織において、しばしば目に見えない規範をつくります。先の事例では、経営幹部による短期業績重視の言動が、「業務遂行においては、人材育成より短期的な業績をあげるための活動を優先すべきだ」という暗黙のルールを生み出しています。こうして形成されたルールを重んじる雰囲気が組織内に広まると、その組織固有の組織文化として定着し、長期的な成果を生み出すための人材育成は、次第に軽視されていきます。

　このように考えてくると、人事制度をはじめとする組織のしくみ、及び、主にマネジメントに関わる言動から醸成される組織文化は、人材育成に対しても大きな影響を与えることがわかります。ここでは、こうした組織におけるしくみと文化をまとめて、「上司と部下を取り巻く組織環境」と呼ぶことにします。人材育成の鍵を握る3つ目の要因は、この組織環境にほかなりません（経営幹部のあり方は人材育成を左右する大きな要因です

が、本書では、経営幹部が育成に直接関わる場合は「育成当事者としての上司」に、間接的に影響を与える場合は「上司と部下を取り巻く組織環境」に含めて考えます）。

人材育成の有効性を決定する3要素

　一般に、人は自分自身に問題の原因を認めることに抵抗を感じ、無意識のうちに、自分の外に問題の原因を求めようとします。このため、人材育成に関わる問題についていえば、部下は自分の成長に関する責任を、上司に転嫁する傾向があります。一方、上司は、部下の成長に関する問題の原因を、部下自身、あるいは、経営幹部や人事部門、さらには、会社制度や組織文化に押しつける傾向があります。これに対し、経営幹部や人事部門は、問題の原因を現場の上司や部下に求めがちです。

　しかしながら、上司、部下、経営幹部、人事部門、あるいは、組織のしくみや文化といった各要素は、お互いに影響を与えあい、複雑に絡み合っ

図3-1　人材育成の有効性を決定する3要素

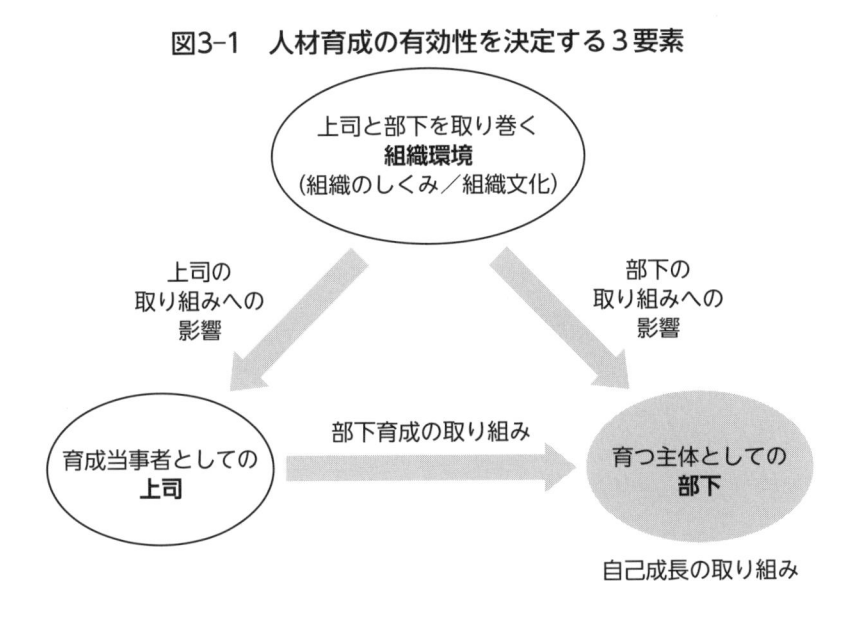

ています。したがって、人が育たない原因を、いずれかひとつの要素だけに求めることは、適切ではありません。

　ここで大切なことは、人材育成の有効性を決定する主要な3つの要素、すなわち、「育つ主体としての部下」、「育成の当事者としての上司」、「部下と上司を取り巻く組織環境」について、まずは、おのおのの実態を押さえることです。その上で、各要素間の関係を明らかにすることができれば、企業における人材育成の全体像を立体的に把握し、育成をめぐる問題の本質を突き止めることが容易になります（図3-1）。

2. 人材育成と多面思考

多面思考とは何か

　ここで、なぜ人材育成において多面思考が重要なのか、改めて確認しておきます。第Ⅰ章で触れた通り、最大の理由は、社会の多様化、とりわけ、働く人材の多様化に伴い、多様な現実を大きな見落としなく理解し、個々の現実にあった異なる育成手法を使い分けていくために、多面思考が欠かせないからです。

　それでは、そもそも多面思考とは、どのように考えることなのか。本書では、多面思考を、「物事をさまざまな角度や切り口からとらえ、複数の側面から考えること」と定義しておきます。例えば、上述の例では、部下、上司、経営幹部、人事部門、それぞれの立場によって、人が育たない原因について、ものの見方や考え方が異なるという現実が示されています。ここで、一面的な思考、すなわち、特定の人の視点から物事を見て考えるだけでは、複雑に絡み合った問題を正しくとらえることはできません 。そうではなくて、異なる立場のそれぞれの視点から物事をとらえ、さまざまな側面について考えることによって、はじめて問題の全体像を把握し、問題の本質を正しく突き止め、有効な対策につなげることができます。この

図3-2　人材組織を多面的に考えるための３つの着眼点

[着眼点]　　　　　　　　　　　[立てるべき問い]

職位による 見方の違いを考える	● 職位が異なることにより、物事を見る際、"高さ"・"幅"・"角度"に、どのような違いが生まれるか
主観的見方と客観的見方の 両面を考える	● 当事者の立場にたつと、どのような主観的見方が生まれるか ● 第三者の立場にたつと、客観的にどう見えるか
目に見える現象から 見えない本質を考える	● 目に見える行動上の問題は何か ● 行動の裏にある本質的な問題は何か

ように、異なる角度、あるいは、切り口を押さえ、さまざまな側面から考えを深めていく思考のあり方を、多面思考と呼びます。

　では、人材育成という本書のテーマに焦点をあてた場合、そこで有効な多面思考とは、具体的にどのようものでしょうか。ここでは、まず、人材育成をはじめとした人材組織に関わるテーマについて、複数の側面から考えていくための基本となる３つの着眼点を押さえます。その上で、人材育成について、より具体的に押さえるべき視点を提示します（図3-2）。

職位による見方の相違

　１つ目の着眼点は、組織上の職位による見方の相違です。佐々木さんの事例で見た通り、部下、上司、経営幹部と、組織上の職位が異なれば、そこから見える職場の風景は異なります。また、所属する部署が異なれば、同様に、そこで見える景色は違ってきます。

　では、なぜ、見える景色に、こうした違いが生まれるのか。その主たる理由は、職位の違いによって、物事を見る際の"高さ"、"幅"、"角度"に

77

違いが生まれるからです。

　物事を見る"高さ"と"幅"は、主に職位レベルの違いによって生じます。一般に、経営幹部であれば、より高いマクロな視点から、会社全体の利益を考え、事業全体をとらえていきます。管理職層であれば、主にミドルの視点から、自らが担う職務機能を中心に、担当部署の職務全体を見ることが多くなります。一方で、担当者であれば、現場レベルでのミクロな視点から、割り当てられた担当業務を中心に、限られた範囲を見ることになります。

　一方で、物事を見る"角度"は、所属する部門の違いによって、大きく異なります。例えば、スタッフ部門とライン部門、あるいは、本社・支店・工場の間では、しばしば対立や軋轢が生じます。また、機能別組織を採用している企業では機能部門間に、事業部制を採用している企業では事業部門間に、大きな壁が生まれることは珍しくありません。こうした現象は、多くの場合、部門の違いによって担うべき役割が異なるため、物事を見る際の"角度"が異なることに起因して生じます。

　このように職位の違いによる物の見方の違いについて、"高さ"、"幅"、"角度"に分けて理解しておくことは、人材組織に関わるさまざまな問題の原因を多面的に分析し、解決策を考えるうえで、有効性の高いものです。したがって、人材育成の問題についても、複数の側面から考えを深めていく上で、大きく役立ちます。例えば、部下のキャリアプランについて、上司の立場から一面的に見るだけでなく、経営者の視点にたって"高さ"と"幅"を変え、あるいは、人事部門の視点にたって"角度"を変えながら、部下との対話を進めていけば、本人のキャリアの可能性を広げていくことができます。

客観的見方と主観的見方

　2つ目の着眼点は、物事の当事者か否かに関わるものです。一般に、ある事柄に対して、自分自身が第三者の立場にあると、物事より客観的に見

つめ、判断することができます。ところが、自分自身が、その事柄の当事者になると、突然、客観的な視点が失われ、物事を主観的にとらえてしまいがちです。なぜ、このような違いが生まれるのか。当事者の立場になると、その事柄に関する直接的な利害が生じ、また、その事柄に関する責任がのしかかってくるためです。この状況は、"当事者の制約"といっていいかもしれません。

　例えば、先の佐々木さんの例について、第三者の立場から、従業員意識調査の結果を見れば、上司・部下・人事部門・経営幹部、おのおのの問題点を客観的に把握することは、それほど難しいことではありません。しかしながら、いずれかの当事者の立場になると、安易に自分自身の問題を認めることは、自分の責任を問われ、自分自身の利益が損なわれる恐れが出てきます。したがって、これらの問題を客観的に見ることは、容易なことではなくなります。だからこそ、佐々木さんの例では、みな自分の立場を優先し、人が育たない原因を、他者に求めようとしているのです。

　このように、当事者の立場と第三者の立場による物の見方の違いを押さえておくこと、さらに、主観的見方と客観的見方とを行き来しながら、当事者と第三者の両方の視点を理解しておくことは、人材育成を含む人と組織の問題について多面的に考えていくうえでは、欠かせないポイントです。部下育成に関していえば、上司が育成当事者としての立場からのみ考えてしまうと、上司の主観的な見方に偏ってしまう危険性が高まります。しかしながら、もう一方の当事者である部下の見方についても考慮し、同時に、第三者の客観的な見方を取り入れることによって、より妥当な育成のあり方を見出していくことができます。

目に見える現象と見えない本質

　3つ目の着眼点は、物事の現象と本質に関するものです。現象とは、ある物事が形を持って現れている状態であり、人が認識できる物事そのものを指します。したがって、言葉の定義が表している通り、組織で生じる

さまざまな現象は、組織の中にいるメンバーが、容易に見ることができるものを指します。

　一方で本質とは、物事の根本的な性質であり、存在する物事の基底をなすものを指します。したがって、通常、物事の本質は、目に見える現象の裏に隠れており、直接見ることができません。ゆえに、組織でみられる現象面での問題は見えやすく、容易に認識されますが、その裏にある本質的な課題は見えにくく、適切な認識のためには、相応の努力が必要です。

　例えば、「経験が浅い部下に対し、上司が仕事を丸投げしたため、その仕事が滞ってしまった」というのは、組織における現象面の問題です。ここで、仕事が滞った原因を考えてみましょう。部下の経験が浅いということは、その仕事を行うために必要な部下の知識やスキルが、十分なレベルに到達していない状態にあると考えられます。一方で、上司が仕事を丸投げするということは、その仕事の目的、目標、及び、目標達成に向けての手段について、具体的な指示や指導を行わないまま、仕事を任せたものと理解できます。

　このように考えると、仕事が滞った原因は、「部下に対して、その能力に合致しないレベルの仕事を、必要な指示指導なく行ったことにある」と整理できます。だとすれば、「仕事を単独で完遂できる能力のある部下にその仕事を任せる」、あるいは、「経験の浅い部下に任せるとすれば、より具体的な指示や指導を行う」ことが、上司として、目に見える行動レベルで行うべき問題解決への打ち手となります。

　ところが、こうした目に見えるレベルにおける解決策を示しても、事態が改善しないことは、少なくありません。例えば、上司として、部下の能力レベルを正しく認識し、具体的な指示指導が必要だと頭ではわかっていても、上司自身が仕事で手いっぱいで心理的な余裕がなく、無意識のうちに、どの仕事も丸投げしてしまうことがあります。あるいは、組織全体として、上司からの指示指導によってではなく、上司や先輩の背中を見て部下は自ら育つべきだといった慣習が長く続いているため、知らず知らずの

うちに、上司として、部下への指示指導を軽視する習慣がついている場合もあります。

仮にそうだとすると、この問題の解決のためには、目に見える上司の行動レベルで解決策を考えるだけでは十分とは言えません。さらに一歩踏み込んで、目に見えない上司の意識レベル、あるいは、目に見えにくい組織文化レベルでの原因を突き止めたうえで、解決へ向けた打ち手を考える必要があります。

このように、人と組織に関わる問題は、多くの場合、問題の真因が、目に見えないところに隠れています。したがって、目に見える現象レベルでの思考に留まっていては、根本的な解決には至りません。現象の裏にある本質的な課題は何か、人の意識や能力、あるいは、組織の文化と言った直接目に見えない領域にまで切り込んで、物事の本質に迫る思考のあり方が、欠かせないのです。

3. 多面思考：3つのフォーカス、9つの視点

3つのフォーカス〜「人材」「関係」「構造」を多面的に考える

それでは、人材の多様化という現実を踏まえると、どのようにして人材育成の有効性を決定づける3要素（「育つ主体としての部下」、「育成当事者としての上司」、「上司と部下を取り巻く組織環境」）を多面的にとらえ、効果的な人材育成につなげていけばよいのでしょうか。本書では、人材を育成する立場から、各要素の実態を押さえ、相互の関係を明らかにし、人材育成をめぐる問題の本質を突き止め、効果的な人材育成を実現するために、ミクロからマクロに段階的に3つのフォーカスを定め、おのおのについて多面的に考えるための視点を提示します（図3-3）。

第1段階は、育成の対象となる「人材」、すなわち、「育つ主体としての部下」にフォーカスをあて、「人材」を多面的に考える視点を示します。

図3-3　人材育成分析：3つのフォーカス

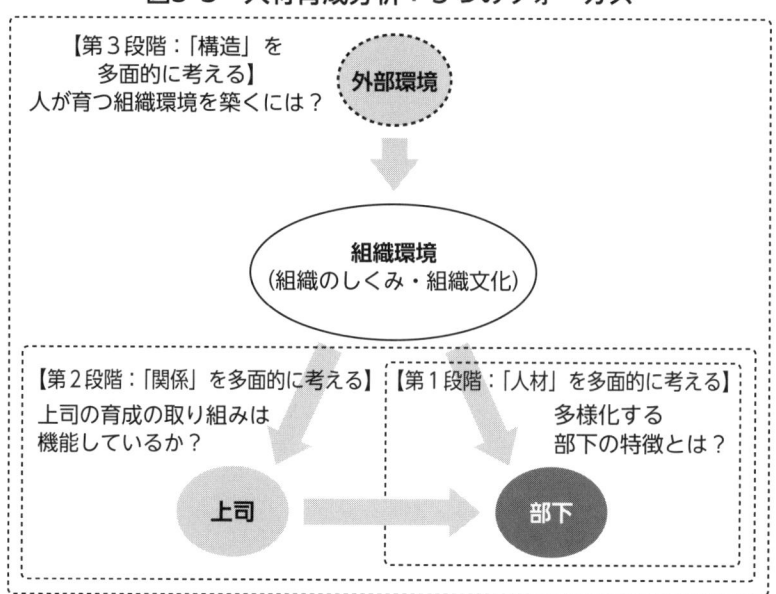

ここで働く個人が多様化する現状を踏まえると、多様な個人の特徴を、さまざまな角度から偏りなくとらえていくことが重要です。育成の対象となる個人の特徴を的確にとらえることなしに、適切な育成方法を見定めることはできません。

　第2段階は、「育つ主体としての部下」と「育成当事者としての上司」について、両者の「関係」にフォーカスをあて、「関係」を多面的に考える視点を提示します。これら二者間においては、これまでの育成手法にとらわれがちな上司と、多様な考え方や価値観を持つ部下との間において、しばしば認識の「ズレ」が生まれ、両者に行き違いが生じます。ここでは、上司の部下育成の取り組みがねらいどおりに機能しているか否かを把握し、機能していない場合、二者間の関係における「ズレ」を正しく把握し、「ズレ」の原因を突き止めることが鍵となります。

　第3段階は、人材育成の有効性を決定づける3要素（「育つ主体として

の部下」、「育成当事者としての上司」、「上司と部下を取り巻く組織環境」）の「構造」にフォーカスをあて、「構造」を多面的に考える視点を示します。組織環境のあり方によって、上司の育成の取り組みも、部下の自己成長の取り組みも、その効果が大きく変わります。人が育つ組織環境を築くためには、組織のしくみと組織の文化が、上司と部下に及ぼす影響を理解することが欠かせません。同時に、これら組織環境に影響を与える外部環境も視野に入れた考察が必要です。

　では、より具体的に、「人材」「関係」「構造」を多面的に考えるために有効な視点とは、どのようなものでしょうか。本書では、「人材」「関係」「構造」のフォーカス毎に各3つ、全部で9つの視点について検討を加えます。ここでは、まず9つの視点を概観し、次章以降、おのおのの詳細について、具体的な事例を踏まえながら見ていきます（図3-4）。

図3-4　多面思考を支える9つの視点

【多面思考：物事を様々な角度や切り口からとらえ、複数の側面から考えること】

［多面思考を支える9つの視点］

1．「人材」を多面的に考えるための視点
　①：「自分の見方」を俯瞰する
　②：「他者の見方」を取り入れる
　③：「人材の本質」を掘り下げる

2．「関係」を多面的に考えるための視点
　④：「二者間の関係」を客観視する
　⑤：「相手の主観」を理解する
　⑥：「ズレの原因」を分析する

3．「構造」を多面的に考えるための視点
　⑦：「見えない力」を可視化する
　⑧：「組織のしくみ」をとらえ直す
　⑨：「組織を取り巻く変化」を押さえる

［人材組織を多面的に考えるための三つの着眼点］

・職位による見方の相違を考える
・主観的見方と客観的見方の両面を考える
・目に見える現象から見えない本質を考える

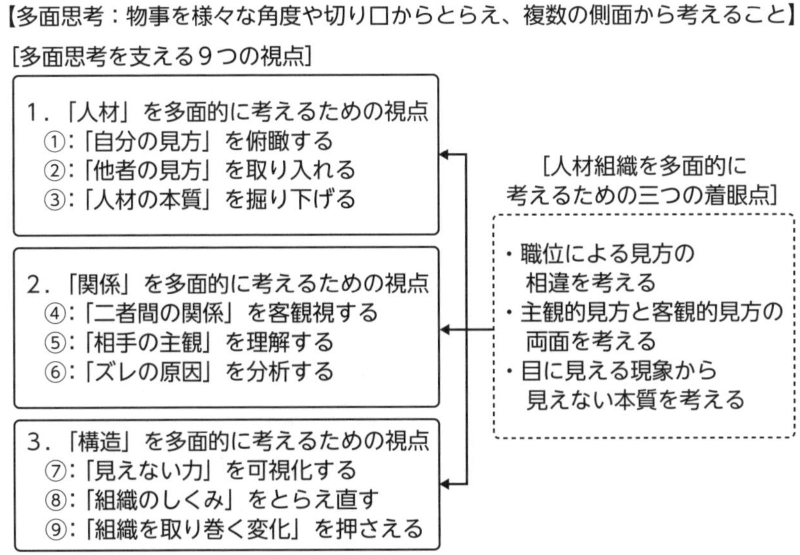

「人材」を多面的に考えるための視点

　働く人材の多様化に伴い、「人材」を多面的に考え、1人ひとりの人材の本質を押さえることは、有効な人材育成を進めるうえでの大前提です。育成の対象となる「人材」、すなわち、育つ主体としての部下について、多面的に考えるためには、以下の3つの視点を押さえることが重要です（図3-5）。

視点①：「自分の見方」を俯瞰する

　「自分の見方」そのものは、物事を見る主体としての自分自身の中に同一化されているため、通常、意識化されることはありません。それだけに、自分自身のものの見方や考え方に関する偏りは、誰もが見落としがちな盲点になります。したがって、「自分の見方」を俯瞰し、自己認識すること

図3-5　「人材」を多面的に考えるための視点

【多様化する人材の本質とは】

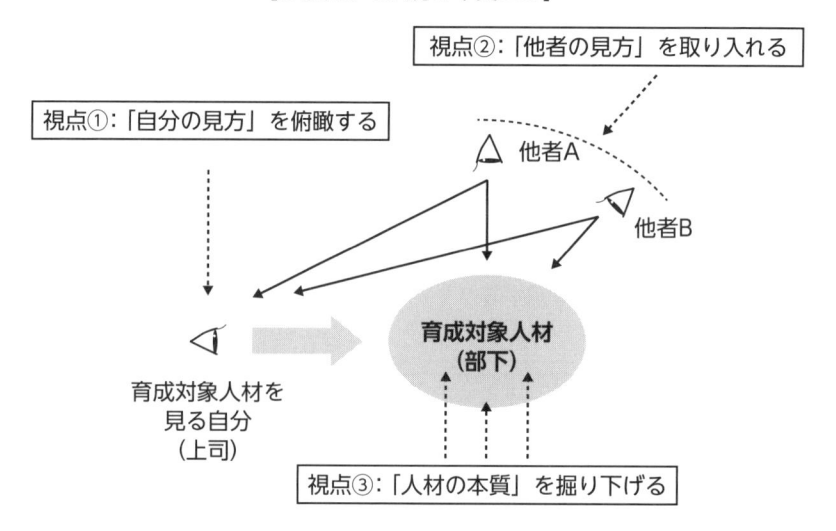

が、育成対象となる個人を多面的に見る際の出発点です。

視点②：「他者の見方」を取り入れる

「自分の見方」を自己認識することは、自身の偏りを理解するうえで重要ですが、さまざまな角度からものを見るためには、それだけで充分とは言えません。物事を見るための角度を変えるためには、自分とは異なる立場や考え方をもつ「他者の見方」を取り入れることが有効です。

視点③：「人材の本質」を掘り下げる

「自分の見方」及び「他者の見方」を押さえ、さまざまな角度から「人材」の特徴を把握できたら、次に、その特徴の本質を見極めることが重要です。すなわち、現象として見える「人材の特徴」から、その「人材の本質」を掘り下げることです。そのためには、育成対象である個人をさまざまな切り口から分析し、「何がそうした特徴を生み出しているのか」を探っていく必要があります。

「関係」を多面的に考えるための視点

働く人材の多様化により、上司の育成の取り組みが、しばしば機能しない状況が生まれています。上司の取り組みを機能させるためには、上司と部下の間の「関係」を多面的に考え、二者間の間に生じるズレを把握し、その原因を見極める必要があります。育つ主体としての部下と育成当事者としての上司について、両者の「関係」を多面的に考えるためには、以下の3つの視点を取り入れることが鍵です（図3-6）。

視点④：「二者間の関係」を客観視する

上司と部下では立場が異なるため、ものの見方や考え方の違いにより、両者の間には、しばしば「行き違い」が生じます。こうした行き違いがあると、上司の育成の取り組みは、機能しません。「関係」については、ま

図3-6 「関係」を多面的に考えるための視点

【上司の育成の取り組みを機能させるには？】

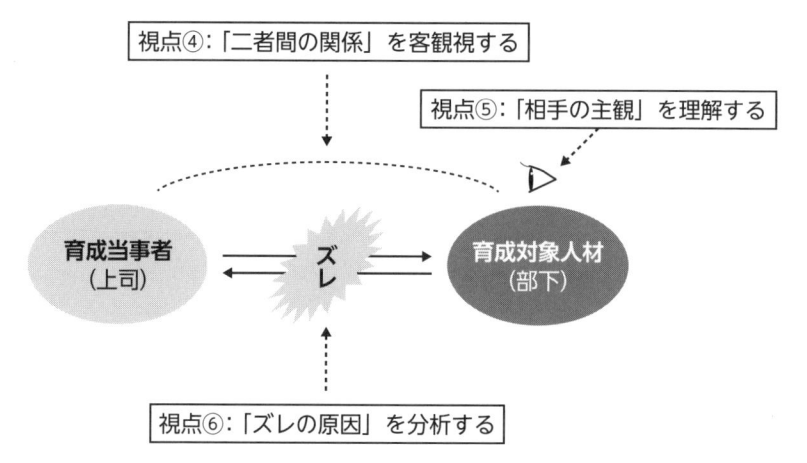

ずは、どこにどのような「ズレ」が生まれた結果、どのような「行き違い」が生じているのか、「二者間の関係」を客観的に把握することが出発点です。

視点⑤：「相手の主観」を理解する

「二者間の関係」を特定することができたら、次に、「相手の主観」を理解する必要があります。主観とは、その個人に固有のものの見方であり、とらえ方を変えれば、その人が生きている世界そのものといえます。したがって、「自分の主観」だけでなく、「相手の主観」を理解することは、二者間の関係における「ズレ」の本質的な原因を特定するためには必須の条件です。

視点⑥：「ズレの原因」を分析する

「二者間の関係」と「相手の主観」が把握できたら、二者間に生じた「ズレ」について、「現実」、「尺度」、「意思疎通」の3つの要因に分けて

分析します。そうすることで、二者間の「ズレ」の原因を突き止めます。

「構造」を多面的に考えるための視点

　上司の育成の取り組みも、部下の自己成長の取り組みも、二者が属する組織環境の影響を免れることはありません。したがって、人材育成に関わる各要因の「構造」を多面的に考え、人が育つ組織環境をつくるための取り組みを進めることは欠かせません。部下と上司、ならびに、両者を取り巻く組織環境の間にある「構造」を多面的に考えるためには、以下の3つの視点をとらえることが必要です（図3-7）。

視点⑦：「見えない力」を可視化する

　部下の自己成長、あるいは、上司の人材育成に対し、両者が気づかないうちに大きな影響を与えるのが、組織文化です。組織文化は直接目に見ることができないため、それ自体が及ぼす見えない力は見落としがちです。

図3-7　「構造」を多面的に考えるための視点
【人が育つ組織環境を築くには？】

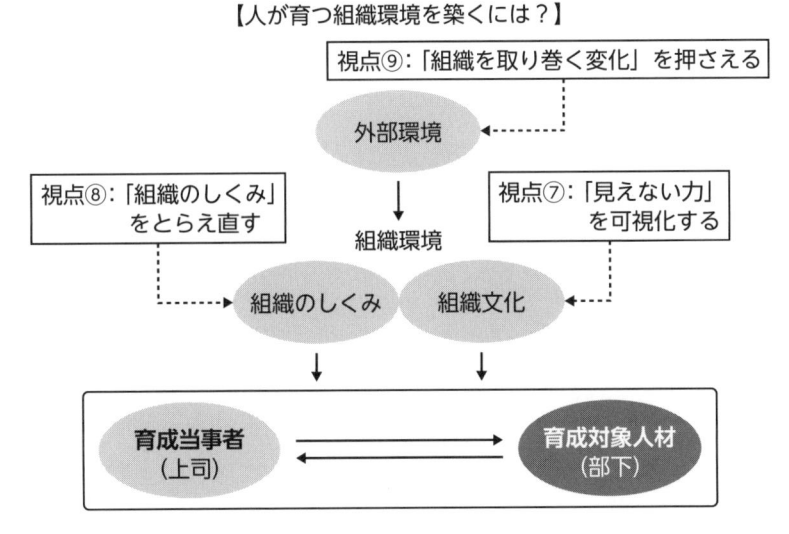

こうした「見えない力」を可視化することは、人が育つ組織文化を築くために欠かせません。

視点⑧：「組織のしくみ」をとらえなおす

　人事制度をはじめとする「組織のしくみ」は、組織の文化に比べ、認識が容易です。一方で、その本来の目的から乖離し、形式的にとらえられやすく、形骸化しがちです。こうした点を踏まえ、人材育成に対して組織のしくみが持つ意味合いをとらえなおすことは、人材育成に組織のしくみを活用するために不可欠です。

視点⑨：「組織を取り巻く変化」を押さえる

　組織環境は、「組織を取り巻く外部環境」の影響を受けます。したがって、人が育つ組織環境を築くためには、こうした外部環境の変化が組織環境に与える影響を把握しておく必要があります。

要 点

- 人材育成の有効性は、主として3つの要素によって決定づけられる。すなわち、「育つ主体としての部下」「育成の当事者としての上司」「部下と上司を取り巻く組織環境」である。効果的な人材育成を行うためには、これら各要素の実態を押さえ、各要素間の関係を明らかにすることで、企業における人材育成の全体像を把握することが出発点だ。
- 人材組織を多面的にとらえるためには、3つの着眼点を押さえることが重要だ。第1は、組織上の職位の違いによる見方の相違。第2は、主観的見方と客観的見方。第3は、見えやすい現象と見えにくい本質。これらの着眼点を活用することで、人材組織について、多面的にとらえることが可能となる。
- 3つの着眼点を踏まえ、人材育成について多面的に考えるためには、「人材」「関係」「構造」の3つにおのおのフォーカスをあて、以下の9つの視点を押さえておくことが重要である。すなわち、①「自分の見方」を俯瞰する、②「他者の見方」を取り入れる、③「人材の本質」を掘り下げる。④「二者間関係」を客観視する、⑤「相手の主観」を理解する、⑥「ズレの原因」を分析する。⑦「見えない力」を可視化する、⑧「組織のしくみ」をとらえなおす、⑨「組織を取り巻く変化」を押さえる。

自分への問いかけ

☐ 私が人材育成について考える時には、そもそも何に注目しているのだろうか。

☐ 私が、人や組織を見る時の見方や考え方には、どのような特徴があるだろうか。

☐ ものごとを多面的に考えるために、私には、どのような視点が必要だろうか。

第Ⅳ章

「人材」を
多面的に考える

探求する問い

▶ 自分の中に潜む
無意識のバイアスとは何か?

▶ 自分の見方を、
どのように相対化するか?

▶ 人材の本質を、
いかにしてとらえるか?

多様化する個人のとらえ方

　第Ⅲ章で述べた通り、効果的な人材育成を進めていくためには、人材育成の有効性を決定づける3つの要素、すなわち、「育つ主体としての部下」、「育成当事者としての上司」、「上司と部下を取り巻く組織環境」について、相互の関係を理解し、その全体像を立体的に把握することが必要です。また、こうした全体像の把握を行うためには、「人材（育つ主体としての部下）」、「関係（部下と上司の相互の関わり方）」、「構造（組織環境が部下・上司に与える影響）」のおのおのについて、多面的に考察を深めることが肝となります。

　そこで、第Ⅳ章からは、人材育成の全体像を把握するために欠かせない「人材」「関係」「構造」について、多面的に考えるための具体的な視点について考えていきましょう。

　まず、本章では、育成対象となる「人材」に焦点をあてます。ここでは、

図4-1　「人材」を多面的に考えるための視点

【多様化する人材の本質とは】

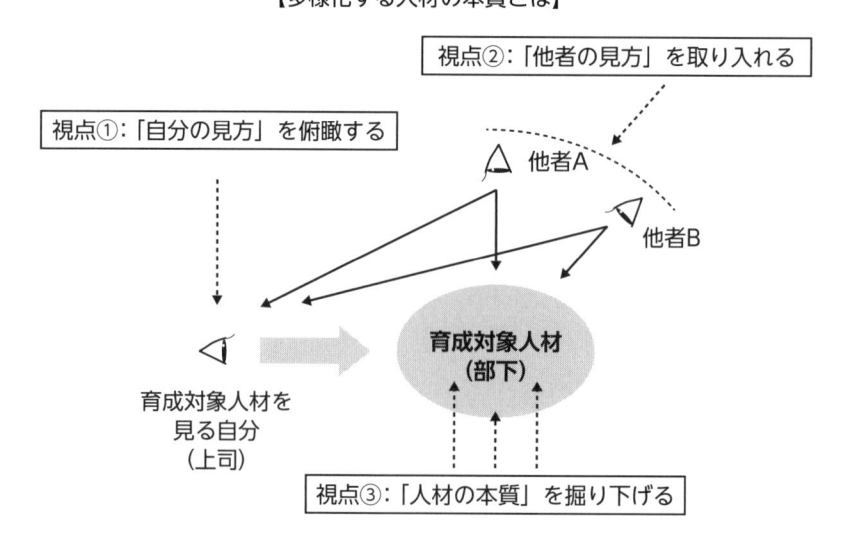

多様化する個人を的確にとらえるために、「自分の見方」を俯瞰する、「他者の見方」を取り入れる、「人材の本質」を掘り下げる、という3つの視点に基づく多面思考の進め方について、検討していきます（図4-1）。

1. 視点①:「自分の見方」を俯瞰する

なぜ、「自分の見方」を俯瞰するのか

人は、「自分の物の見方や考え方には、どのような特徴があるのか」、特段意識しないまま、物事をとらえ考えます。そのため、自分自身のものの見方や考え方に特定の癖や偏りがあっても、通常そのこと自体認識をしません。つまり、自分の中に潜む無意識のバイアスに、自分自身気づかないのです。

一方で、働く人材の多様化が進むことで、上司とは異なるものの見方考え方を持つ部下は、増加しています。これに伴い、これまで以上に、上司が部下を理解することが、難しくなっています。こうした中、上司が自分のバイアスを認識していないまま部下を見ることで、部下に対する誤解が生まれるケースが増えています。このような落とし穴を避けるためには、まず「自分の見方」を俯瞰し、育成対象となる個人に対する自分自身の一面的な見方に気づくことが重要です。

そこで、以下、「自分の見方」を俯瞰し、部下に対する誤った理解を避けるためのポイントについて、具体的な事例を踏まえながら、考えていきましょう。

「残業休出を厭わない松本さんには、将来を期待しています」

ベテラン管理職である山口さんは、仕事のやりがいもさることながら、部下の成長についても、大きなやりがいを感じています。特に、苦労をともにした自分にとって初めての部下が、周囲のメンバーや関係部署から認

められ、若くして係長昇進を果たしてからは、こうした思いを強くしています。

このような山口さんのもとに、春の人事異動で、入社4年目の松本さんが、部下として加わりました。社交的な松本さんは、すぐに山口さんの部署に馴染み、以前からいた他の部下たちとも、良好な関係を築きました。また、仕事の呑み込みも早く、1カ月もたたないうちに、かなりの仕事を安心して任せられるようになりました。

それから1年の間、松本さんは、山口さんの予想を上回る働きをしています。他の部下であれば、いやいや引き受けるような仕事であっても、山口さんの指示に素直に従う。一見過剰と思われるような仕事が入っても、納期を守るためには、残業や休出も厭わず働く。突発的な業務が降りかかってきても、嫌な顔ひとつせず、前向きに対応してくれる。こうした松本さんの行動について、山口さんは、部署全体の和を重んじる姿勢の表れだと感じています。

重要な仕事があっても、自分の私用を優先してさっさと定時で帰宅する。緊急の仕事が入っても、自分の担当外だと引き受けない。そもそも公私の区別が明確で、職場に同化しようとしない。松本さんは、こうした若手の部下が増えていると感じています。にもかかわらず、組織への順応力に長け、忠実に業務を遂行し、残業休出を厭わず努力する松本さんに対し、山口さんは、久しぶりに育てがいのある逸材に恵まれたと、大きな期待を抱いています。

このような状況から、山口さんは、年度末の人事評価では、松本さんに最高ランクの評定を行いました。また、本人との評価面談では、「仕事に忠実で、休出や残業も厭わず、部署全体のために努力を惜しまない働き方は、高い評価に値する。更なる成長を期待しているので、これからも、この調子でがんばってほしい」と伝えました。

ところが、新年度に入って5月の連休明け、突然、松本さんから退職の申し出がありました。驚いた山口さんが話を聞くと、松本さんからは、

次のような答えが返ってきました。

「新卒でこの会社に入って以来、将来のキャリアアップを夢見て、自分なりに頑張ってきました。でも、今回の評価面談で、会社が求めていることは、自分が目指していることではないことが、はっきりしました。

要するに、ここで評価されるのは、組織に対する忠誠、協調、努力です。頑張れば頑張るほど、さらに強く、こうしたことが求められます。このままでは、目指したい将来の自分の姿を実現することはできません。内定を受けた転職先は、個人の独創性、自律性、貢献を重視しています。ようやく自分の考え方にあった働き方ができそうです。

1年ほどの短い期間でしたが、いろいろとお世話になり、ありがとうございました」。

山口さんは、「高い人事評価を受けているにも関わらず、なぜ松本さんが退職を決断したのか」、予想もしなかった事態にただ唖然としていました。

変わる環境、変わらぬ上司

上司にとって、部下の突然の退職は、その後の業務遂行においても、また、継続的な人材育成という点においても、大きな痛手です。まして、自分が高く評価し、将来へ向け活躍を期待していた部下であれば、なおさらです。山口さんが、松本さんの突然の退職に、大きなショックを受けたことは、想像に難くありません。

ではなぜ、松本さんは、転職を決断したのか。また、どうすれば、山口さんは、このような事態を避けることができたのか。まずは、山口さんのものの見方を確認してみましょう。

山口さんの言動から考えると、山口さんが評価するのは、「上司の指示に対し忠実で、部署全体のために自己を犠牲にし、残業休出を厭わず献身的に努力する」人材です。また、「人事評価が高ければ、部下は満足するものだ」と思い込んでいます。山口さんは、「残業や休出は努力と自己犠

性の証として評価すべきものであり、これらの点を評価されることは、部下にとっても、ありがたいことである」と疑っていません。

こうした山口さんの考え方は、松本さんの退職理由も踏まえると、この会社では"我社の常識"として共有されているものかもしれません。つまり、「貢献と成果よりも、努力と忠誠」、「創造性や自律性よりも、自己犠牲や献身」を重んじることが、あたりまえの事柄になっているのです。だとすれば、そこで求める人材像は、「組織への順応能力が高く、協調や和を尊び、忠実で忠誠心溢れる人材」であり、上司も、こうした人材像の実現へ向けて、部下の育成を進めることになります。

しかしながら、第Ⅰ章で述べた通り、企業を取り巻く環境は大きく変わっています。グローバルな競争の中で勝ち残っていくためには、「自ら創造性を発揮し、あるいは、効率を高め、自分の個性を活かしながら、自律的に働くことのできる」人材の確保育成が欠かせません。すなわち、山口さんの会社の常識は、グローバルなビジネス環境の中では、非常識といえるかもしれません。

一方で、松本さんの見方は、グローバル化する世の中の動きを反映したものです。したがって、松本さんが目指す姿は、この会社が求める人材像と、大きく異なります。また、松本さんにとっては、自分が目指す姿ではないところを評価されても、決して満足にはつながりません。

会社が求める人材像と、自分が目指す人材像が異なれば、本人としては、その会社に留まる理由はありません。要は、上司が考える「会社として、どのような人材を評価し、育成していきたいか」と、部下が描く「自分自身、どのような姿を目指して、成長していきたいか」との間に乖離が大きいことが、松本さんが転職を決心した最大の理由だといえます。

人材育成の原理原則で触れたとおり、企業が求める人材育成のあり方と個人が望む自己成長のあり方の間にあるギャップを認識し、互いのすり合わせを通じて、育成ゴールを共有化することは、人材育成の出発点です。働く側の人生観や仕事観の多様化に伴い、この点を確認することの重要性

は拡大しています。にもかかわらず、これまでの固定観念に気づかぬまま、上司の考える育成方針を所与の前提とすることは、部下との間の溝を放置することに他なりません。

このような問題を避けるためには、「自分の見方」を俯瞰し、自分自身が持つ固定観念を自覚することが欠かせません。そうすることで、多様な人材の育成へ向け、自分とは異なる考え方を持った部下を適切に理解することができるのです。

組織の慣習を疑う

しかしながら、自分自身の固定観念に気づくことは、それほど容易なことではありません。会社を取り巻く環境が変わったにも関わらず、過去の環境の中で培われた社内の常識を当然のことと考え続けてしまう状況は、あちこちの企業で見ることができます。特に、同じ組織に長期にわたって所属していると、その組織で支配的なものの見方が、当たり前の前提として、意識されなくなってしまいます。この点を見落としてしまい、山口さんと同様の落し穴にはまることは、めずらしくありません。

ここで大切なことは、こうした自分にとっての"当たり前"を意識化することです。そのためには、これまで自明のこととして続けられてきた組織の慣習を疑うことが重要です。すなわち、「なぜ、そうした慣習があるのか。その慣習は、どのような前提のもとにできたのか。そうした慣習は、今でも通用するものなのか」自問することが大切です。そうすることで、"当たり前"の裏に隠れた固定観念を認識することが可能となります。

こうした振り返りのプロセスを踏み、「自分の見方」を俯瞰することができれば、山口さんのような一面的な見方によるつまずきを避けることができます。

"成功の呪縛"に気づく

ところが、自分自身の固定観念を認識することの重要性を理解し、組織

の慣習を疑うことを意識していても、一面的な見方でつまずく上司は後を絶ちません。その理由は、組織の慣習とは別に、もう1つ、自分自身の内面に潜む"成功の呪縛"という落とし穴があるからです。

　ここで、自らが上司に忠実に従い、自己犠牲を厭わず、献身的に努力する中で成功し、現在の地位を築いてきた上司について考えてみましょう。この上司にとっては、自己の成長と成功のために「忠誠、協調、努力」は必要条件であり、これらを求めることは、部下の育成にとって正しいことになります。すなわち、ある考え方に基づき成功体験を積んでいればいるほど、その考え方は、その人にとっては間違いのない正しい考え方として認識されていきます。そうなると、その上司は、環境の変化に伴いその有効性が失われてしまっていても、そのことに気づくことが難しくなります。

　一方で、この上司が、人材の多様化によって、これまでの育て方を続けていては、部下が育たないことを、理屈として理解した場合を考えてみましょう。ここで、この上司が頭で理解したことを実践することは、心理的に、それほど易しいことではありません。なぜならば、他の育成方法を取

図4-2　固定観念を取り除く

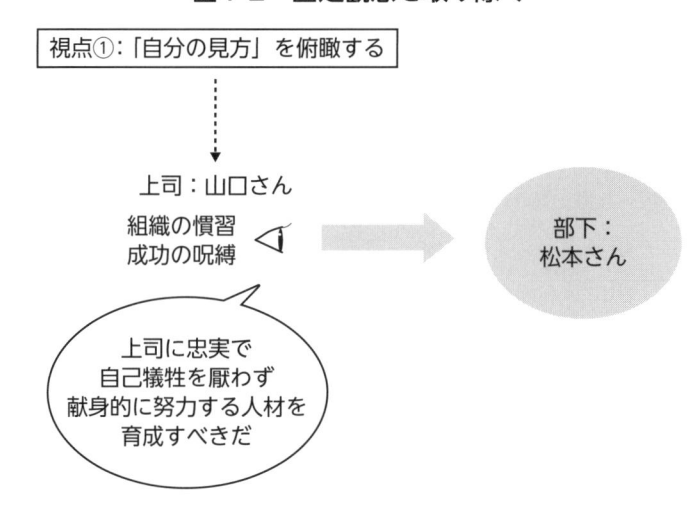

り入れることは、実質的にこれまでの自分の考え方を否定することを意味するからです。「忠誠、協調、努力によって、自分は成功を築いてきた」といった思いが強ければ強いほど、その考え方を捨てることには心理的な抵抗が生じます。いわゆる "成功の呪縛" にとらわれるのです。

　このように考えると、「自分の見方」を俯瞰し、自分自身の固定観念を取り除いていくためには、組織の慣習を疑うとともに、上司自身が、これまでの自身の考え方が機能しなくなってきているという現実を受け入れ、過去の成功体験と決別し、新たな考え方を取り入れるという意識転換が欠かせません（図4-2）。

善悪と有効性を分ける

　環境変化の激しい今日においては、人材育成に限らず、外部環境の変化に伴い、これまでの考え方が有効性を失う場面が増えています。そこでは、過去の常識が非常識とみなされ、新たな考え方が求められます。こうした状況においては、「これまで苦労して築いた自分の考え方は通用しない。もう自分はダメだ」という失望感とともに、一方では「そうした現実を認めたくない」という反発が生まれがちです。しかしながら、こうした状態に陥ると、論理的には自己否定しつつ、潜在的な心理としては自己防御が生まれ、両者の葛藤の中で、頭でわかっても行動に移せない事態が発生します。

　こうした両面感情を避けるためには、物事の「善悪」と「有効性」を分けて考えることが大切です。すなわち、「これまでのやり方が良いか悪いか」ということと、「これまでのやり方が機能するかしないか」は、別の事柄だということです。そうすることにより、「取り巻く環境が変わることで、これまで機能してきたものが、単に機能しなくなっただけである。大切なことは、新たな環境に適応していくことだ」といった見方が生まれ、自分の問題を受け入れやすくなります。自己否定の拒絶に伴う心理的抵抗を取り除き、適切な意識転換をはかるためには、このように変化を前向き

にとらえる意識が大切です。

「育成しようにも、最近の新入社員は、何を考えているのか、理解できません」

　マネジャーの井上さんは、部下を持ちはじめて4年目です。これまでの部下は、中堅の担当者ばかりでしたが、今年度、初めて新入社員の木村さんを、部下として迎えることになりました。新入社員の配属が決まり、実際に木村さんが配属されるまでの間、井上さんは、自分自身が新入社員だった頃を思い出しながら、漠然とした期待が膨らんでいくのを感じています。また、井上さんの部署のメンバーも、久しぶりの新卒配属ということで、なんとなくワクワクした雰囲気が漂っています。

　しかしながら、木村さんが配属されると、こうした期待は、一気にしぼんでいきました。というのも、井上さんが思い描いていたイメージとは、木村さんが大きく異なっていたからです。井上さんは、自分が新入社員だった時、大きな希望に燃えていたことを、今でもはっきりと覚えています。社会人として1日も早く一人前になりたくて、上司や先輩から少しでも多くのことを学ぼうと、必死で仕事に取り組みました。また、早く職場に馴染めるよう、社内行事やイベントには、積極的に参加しました。それゆえ、木村さんも、自分の若いころのように、前向きで向上心にあふれる人物に違いないと期待していたのです。

　ところが、実際の木村さんの印象は、井上さんが描いていたイメージとは正反対です。配属初日から内気な雰囲気があり、こちらから話しかけてもボソボソと答えるだけで、覇気がありません。また、入社7年目の先輩を指導係として木村さんにつけ、少しずつ仕事を覚えてもらおうとしていますが、1つひとつ指示をしないと、ただ机に座って待っているだけで、全てにおいて受け身の姿勢が目立ちます。そうかと思えば、緊急業務への対応で、やむを得ず部署の全員に残業の指示をしたところ、当たり前のように「今日は同期会なので帰ります」と、さっさと職場をでてしまいます。

また、昼休み、新入社員同士でランチを食べている時など、仕事中には見られない生き生きとした様子をみると、木村さんはいったい何を考えているのだろうかと、理解に苦しみます。

新卒配属があった同僚マネジャーの話では「自分のところの新入社員も、程度の差こそあれ、木村さんと似たり寄ったりだ」とのことです。これを聞いた井上さんは、「最近の新入社員は、現状に安住していて、向上心がない。受け身の姿勢が目立つし、仕事への取り組み姿勢も甘い。だから、今どきの若い人は、みな使い物にならない。これでは、育成しようにも、手の打ちようがない」と心を沈ませていました。

今の若者は特別か

若手社員の育成に関し、「これまでの常識が通用しなくて困っている」といった相談は、少なくありません。先の事例でも、井上さんは、新入社員の木村さんの反応に、手こずっています。

ところが、こうした相談をじっくり聞いていると、「自分たちが若いころは、○○だった。にもかかわらず、今の若い人たちは、××で困っている」といったパターンが多いことに気づきます。これらの発言をとらえ直すと、そこには、「自分たちの若い頃の○○が、本来あるべき標準的な姿であり、それとは異なる××は、そこから逸脱した状態だ」という意識が隠れています。言いかえると、そこには、問題は上司の側にではなく、若手社員の側にあるとの認識が潜んでいます。

しかしながら、長い時間軸で振り返ると、このように上の世代が下の世代を異質なものとして批判的にとらえることは、どの時代にもあった共通の現象だということがわかります。例えば、"ゆとり世代"は、これまでとは異なる価値観を持った世代と言われますが、その親にあたる世代も、若い頃は"新人類"と呼ばれ、当時は過去と異なる感性を持つ世代と見られていました。「今時の若い者は、……」という言い方に代表されるように、こうした問題は、いわゆるジェネレーションギャップと呼ばれる世代

間の違いに起因する問題として、いつの時代にもある問題ととらえること
ができます。ある意味、今の若者だけが特別なわけではないのです。

"同質の思い込み"を取り除く

　では、なぜ、いつの時代になっても、こうした問題が生まれるのでしょ
うか。その理由は、物の見方について、大きく2つの偏りが隠れている
からです。

　第1は、人間には「人はみな、自分と同じであるべきだ」と考える傾
向があるという点です。ここでは、こうした見方を"同質の思い込み"と
呼びます。先の例では、井上さんは、自分自身が若かった頃を思い出しな
がら、新たに配属される木村さんに対し、自分が新入社員だった頃と同様
の姿勢や行動を取るものと、無意識に期待をしています。

　こうした「他者も自分と同じ考え方や特徴を持っていなければおかしい」
との思い込みは、とりわけ、その他者が、自分と同じ組織や集団に属する
場合に、多く起こります。これは、「同じ組織や集団に属するものは、同
じような考えや特徴を持っているべきだ」という見方が、組織の中に潜在
的に共有されているからだと考えられます。

　このような見方のもとでは、物事の判断においては、「あくまで自分た
ちの考え方や特徴が標準となるべき基準であり、それとは異なる考えや特
徴は、単に異質であるだけでなく、標準から逸脱して誤ったものだ」との
認識が生まれやすくなります。例えば、職場においては、これまでの自分
たちの姿が正しい姿であり、自分たちとは異なる若者のあり方には、問題
があると考えがちです。そうなると、育成が上手くいかない原因は、自分
たちとは異質な部下の側に押しつけられることになります。

　ここで大切なことは、上司と部下、どちらが問題で、どちらが正しいか
を議論することではありません。むしろ、同質な相手を想定した育成の打
ち手が、異質な相手には機能しないという事実を客観的に理解し、その現
実を受け止めることです。そのためには、まずは"同質の思い込み"がな

いか振り返り、自分自身の見方を俯瞰することが必要です。

"類型化の罠"を知る

　第2は、共通の特徴や経験を共有する人が複数いると、その人たちを1つの型として分類し、そこでの共通な特徴をもとにレッテルを貼る傾向があるという点です。ここでは、こうした見方を"類型化の罠"と呼びます。先の事例で井上さんは、同僚マネジャーの部下である新入社員に同様の特徴があることを聞いただけで、新入社員全員が「現状に安住していて、向上心がない。受け身の姿勢が目立ち、仕事への取り組み姿勢が甘い」と決めつけてしまっています。

　こうした考え方は、論理的にとらえれば、いわゆる軽率な一般化です。すなわち、自部署と他部署という限られた事例における新入社員の共通的な特徴を、あたかも多数の事例から演繹的に導き出した普遍的なものであるかのように、一般化しています。同じ特徴を持つ新入社員が数多くいれば、論理的な妥当性は高まり、新入社員一般に、同様の特徴が当てはまる可能性も高まります。一方で、同じ新入社員であっても、常に例外は存在します。

　ここで気をつけるべきことは、いったん「今の新入社員は××だ」と類型化して考えてしまうと、まだよく知らない新入社員に関しても、「××に違いない」といった先入観を持って見てしまうことです。そうなると、その新入社員に関して、××以外の側面があっても、見落としてしまうことにつながります。

　このような見落としを避けるためには、自分の見方が、"類型化の罠"に陥っていないか自問し、自分自身の見方を一歩離れて立ち止まって見ることが肝となります。

"悪意なき差別"を意識化する

　こうした"同質の思い込み"と"類型化の罠"が重なると、ある集団に

属する人たちすべてに同じレッテルを貼り、本人の中では悪意がないままに、ステレオタイプや偏見に基づく差別を引き起こす恐れがあります。ここでは、こうした見方を"悪意なき差別"と呼びます。

　例えば、「自分が新入社員のころと異なり、仕事より私生活を優先する木村さんは問題だ」（同質の思い込み）、「同僚の話では、最近の新入社員は、みな木村さん同様の特徴がある」（類型化の罠）と考えてしまうと、井上さんは「新入社員には、みな問題がある」といった偏見を持ち、指導がうまくいかない新入社員に遭遇すると、深く考えずに「新入社員だから、ダメなんだ」と、決めつけてしまう危険性があります。

　こうした"悪意なき差別"は、とりわけ、自分が属する集団と類型化した相手の集団とが、対比しやすい関係にある場合、あるいは、相手が属する集団について、自分自身の理解が不足している場合、起こりやすくなります。

　例えば、「（自分は技術畑出身だけど）あの人は営業畑出身だから」「（自分は男性だけど）あの人は女性だから」「（自分は日本人だけど）あの人は外国人だから」といって、対象となる人々を確たる根拠なく非難する発言は、しばしばこうした見方が顕在化したものです。要するに、相手が異質だと感じると、未知への不安が生まれ、本質的な原因を考えないまま、思考停止に陥り、理解できない原因を、一方的に相手が属する集団の特徴のせいにするのです。言うまでもなく、こうした差別は、悪意がないからといって、許されるものではありません。

　こうした"悪意なき差別"を避けるためには、相手に対する十分な理解もないままに、「相手が特定の集団に属するだけで、ある特徴を持っているに違いない」と考える"類型化の罠"にはまっていないか、また、「人はみな自分たちと同じはず。自分たちと同じでない場合、正しいのは自分たちで、誤っているのは、自分たちと異なる相手である」という"同質の思い込み"に陥っていないか、自らを省みることが鍵になります。

　上司にこのような"悪意なき差別"が生まれると、部下は上司に対して

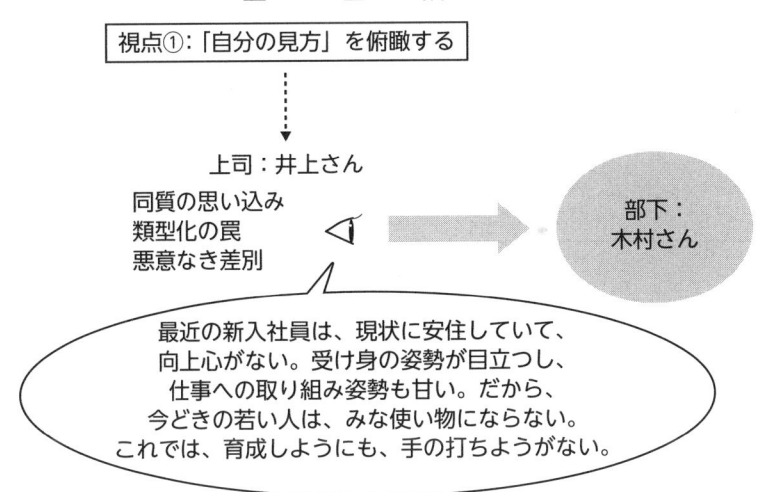

図4-3　自らの偏りを断つ

視点①：「自分の見方」を俯瞰する

上司：井上さん

同質の思い込み
類型化の罠
悪意なき差別

部下：
木村さん

最近の新入社員は、現状に安住していて、
向上心がない。受け身の姿勢が目立つし、
仕事への取り組み姿勢も甘い。だから、
今どきの若い人は、みな使い物にならない。
これでは、育成しようにも、手の打ちようがない。

不信や反感を抱き、上司に対して、心を開かなくなります。また、上司自身も、「あの人は新入社員だから、しょうがない」と思考を放棄し、その部下に固有の問題を見極めようとしなくなります。そうなれば、部下の個性を踏まえた育成は、進むはずがありません。このような"悪意なき差別"を防ぎ、"同質の思い込み"と"類型化の罠"を避けるためには、常に自分自身を振り返り、自分の見方を俯瞰する努力を怠ってはなりません（図4-3）。

2. 視点②：「他者の見方」を取り入れる

なぜ、「他者の見方」を取り入れるのか

前節では、「自分の見方」を俯瞰し、自分の中に潜む無意識のバイアスを認識するためのポイントとして、「"組織の慣習"を疑い、"成功の呪縛"に気づくこと」、また、「"同質の思い込み"を取り除き、"類型化の罠"を

知り、"悪意なき差別"を意識化すること」の重要性について触れました。しかしながら、自分が「自分の見方」を俯瞰する際、それを見る眼が、自分自身である以上、100パーセント、自分の癖や偏りから逃れることはできません。

したがって、より多面的に物事を考えるためには、こうした「自分の見方」の限界を、何らかの方法で補う必要があります。そして、この限界を補うために有効な方法が、「他者の見方」を取り入れることです。自分とは異なる考え方や立場を持つ他者は、必然的に、自分とは異なる角度からものを見て考えます。こうした「他者の見方」を 知ることは、「自分の見方」を相対化することに役立ちます。

そこで、次に、「他者の見方」を取り入れる際のポイントについて、具体的な事例を踏まえながら、考えていきましょう。

「報告が滞る部下に、手を焼いています」

第一営業課長の林さんは、他業界での営業経験を経て、昨年入社してきた部下の斉藤さんの育成にあたって、大きなストレスを感じています。

林さんは、これまで営業部門の他に、管理部門やマーケティング部門で働いてきました。こうした経験から、顧客に対する営業活動についても、戦略的に考え、計画的に進めます。また、各課員の日々の活動状況を的確に把握することを重んじており、全員に日報の提出を求めています。

一方、斉藤さんは、アグレッシブな営業スタイルを得意としていて、積極的に顧客訪問を重ね、社内にいることはほとんどありません。また、顧客との打ち合わせが予定よりも早く終わると、合間を縫って他の顧客との接触を試みます。したがって、仕事のやり方や時間の使い方も、その時々の状況次第で、柔軟に変えていきます。ちなみに、ここまでの斉藤さんの営業実績は、中の上で、まずまずといったところです。ただし、物事を文書に残すことには関心が薄く、営業日報は最低限の記載しか行いません。

このような斉藤さんと相性の悪さを感じている林さんは、ある日、同僚

の第二営業課長清水さんに、思わず愚痴をこぼしました。「斉藤さんは、すべてにおいて行き当たりばったりで、困っているよ。活動計画は必ずスケジューラーにインプットするよう言っても、しょっちゅう入力を怠ってしまうし。この間は、急ぎの用件で連絡を取ろうと携帯に伝言を残したけれど、結局、夕方まで返事がなくて。いったい外出先で何をしているのやら。それに、日報も形だけで中身がなく、何日か遅れることだってめずらしくない。部長からは、しっかり今後の育成を考えるよう言われているけれど、そもそもの姿勢がなってなくて、育成以前の問題だよ」。

これに対し、清水さんからは、意外な発言が返ってきました。「確かに苦労はよくわかるけど、林さんは几帳面すぎるんじゃないかな。第二営業課では、日報は読んでコメントするだけでも大変なので、随分前に辞めちゃったよ。活動計画だって、世の中、計画通りにいかないこともいっぱいあるし。それに、報告がなくても、そこそこの営業成績を出してくれるのだったら、逆に、思い切って任せてしまっても、いいのかもしれないよ。確かに、連絡が取れないのは問題だけど、実際夕方まで外出先で何をしていたのか、本人には聞いてみたのかい」。

林さんは、清水さんの言葉に反発を覚えながらも、自分が細かく管理し過ぎた面があるのかもしれないと、感じはじめていました。

他者の眼を通した自分の姿

営業課長の林さんは、頻繁に部下から報告を求め、丁寧に計画管理を行う仕事のやり方を好みます。一方で、部下の斉藤さんは、一定の自由裁量を持って、積極的かつ臨機応変に、自己完結的な仕事の進め方を行うことを好みます。2人の対照的な仕事のスタイルのどちらが適切かは、一概に言うことはできません。仕事の特徴やその時々の状況によって、その有効性は異なります。

ここで、林さんは、斉藤さんに対してストレスを感じていますが、その大きな原因は、仕事の中身そのものよりも、こうした仕事のスタイルの違

いにあります。仮に、清水さんが斉藤さんの上司だったら、清水さんは林さんが斉藤さんに持つような不満は感じないかもしれません。したがって、林さんが「自分と異なる仕事のスタイルを持つ部下に対し、一方的に相手に問題がある」と考えているのであれば、林さんの見方に偏りがあることになります。このことは、清水さんの斉藤さんに対する見方と対比すると、よりはっきりします。

　ここで、林さんと清水さんの会話で注目すべきは、清水さんが、自分の眼から見た林さんの特徴を、直接林さんに伝えている点です。「林さんは、几帳面すぎるんじゃないの」という言葉に対し、林さんは、自分に否定的な発言であるがゆえの反発を感じています。同時に、この言葉は、林さんが、清水さんの眼をとおした自分の姿を知ることにより、自分自身の物の見方の偏りに気づく機会になっています（図4-4）。

　こうした自分の偏りに気づくことができれば、上司である林さんは、部下の斉藤さんに対して、これまでとは異なる方法で育成を図ることの必要性を理解できます。例えば、仕事のスタイルに関わる問題と、業務内容に

図4-4　他者の眼を通した自分の姿

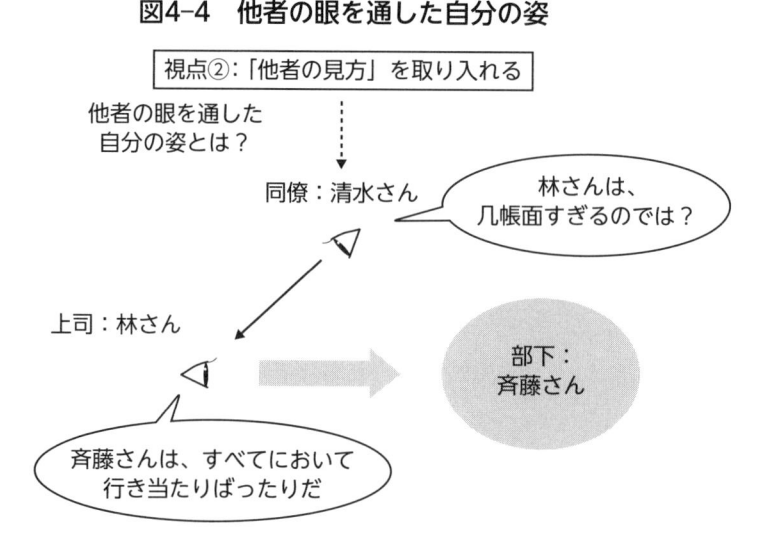

視点②：「他者の見方」を取り入れる

他者の眼を通した
自分の姿とは？

同僚：清水さん

林さんは、
几帳面すぎるのでは？

上司：林さん

部下：
斉藤さん

斉藤さんは、すべてにおいて
行き当たりばったりだ

関わる問題とを切り分け、前者については、より多くの自由度を部下に与えながら、後者に関する問題点については、必要な改善を促すことで、より有効性の高い育成を進めていくことができます。

自分の姿を相対化する

　自分自身を見る眼は、自分自身の中にあるため、自分の姿を的確に把握することは、容易ではありません。しかしながら、他者の眼をとおした自分を知ることは、自分の姿を相対化し、俯瞰して見るのに役立ちます。したがって、他者からの自分に対するフィードバックのコメントは、自分の姿を見つめ直し、その姿の根底にある自分のものの見方や考え方に気づくうえでも、有益なものです。

　このことは、いわゆる「ジョハリの窓」と呼ばれる概念によって、よりわかりやすく理解することができます。ここで、「開いた窓」は自分も他者も知っている自分の姿、「隠された窓」は自分だけが知っている自分の姿、「盲点」は自分では気づいていないが、他者には見えている自分の姿、「知られざる窓」は、自分も他者も知らない自分の姿を指します（図4-5）。

図4-5　自分の姿を相対化する

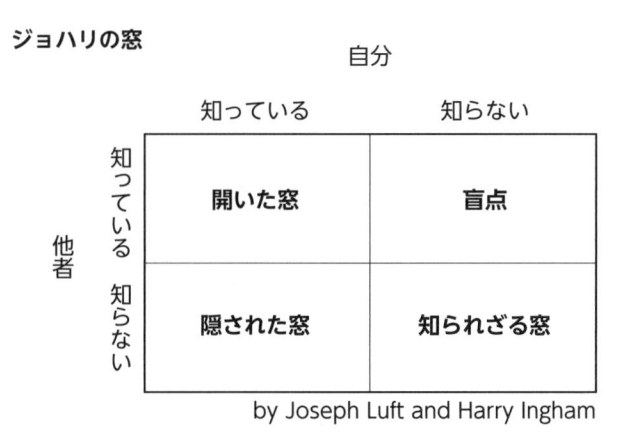

ジョハリの窓

by Joseph Luft and Harry Ingham

このように分類すると、他者からのフィードバックは、「開いた窓」すなわち「自他共に認める強みと弱み」を再認識するために有効なだけではないことがわかります。「盲点」すなわち「自分では気づいていなかった隠れた強みと弱み」を発見するために、不可欠なものであることが理解できます。

ただし、人は通常、自分に対する否定的なフィードバックを受け入れることに抵抗を感じます。他者からのフィードバックを受けることは、自分の姿を相対化することによって、自分の姿の見たくない側面も直視することにつながるからです。しかしながら、こうしたフィードバックは、自分自身の偏った見方を認識し、見落としを避けるための貴重な情報であることを忘れてはなりません。

「周囲の評判は、私の認識と異なります」

山崎さんは、直属の部下であるマネジャー4人を含め、25人のメンバーを率いる開発部長です。山崎さんは、どのマネジャーも優秀であると感じていますが、中でも、最年少マネジャーの森さんには、絶大な信頼を置いています。

山崎さんによれば、森さんは技術的な専門性に秀でているだけでなく、技術以外の他部門との折衝も精力的にこなし、難しい開発案件を予定通り前に進めています、当然のことながら、山崎さんは森さんを高く評価しています。

こうした中、山崎さんの会社では、マネジメント人材の育成を目的として、管理職以上全員に対し、新たに360度サーベイを行うことになりました。サーベイでは、全ての管理職に関して、本人と日常の接点の多い上司・同僚・部下をそれぞれ複数名選び、調査シートに記された本人に関する質問項目について、定量的な評価を行ってもらうとともに、本人の強みと改善点について、フリーコメントを記入してもらいます。同時に、これらの評価とコメントを集計し、回答者の匿名性を保持したまま、フィード

バックレポートとしてその内容をまとめたものが、本人とその上司に返却されます。

　山崎さんは、360度サーベイにおいても、森さんは周囲から高い評価を得られると確信していました。ところが、森さんの結果は、4人のマネジャーの中で、最も厳しいものでした。とりわけ、優れていると思っていた対人関係能力に関する質問項目の評価が低く出ています。また、フリーコメントには、森さんへの批判や不満ととれる内容が、複数の回答者から示されていました。

　典型的なコメントを拾うと、部下からは「進捗管理が細すぎる」「問題が生じると、すぐに部下から仕事を取り上げ、自分でやってしまう」「開発納期に厳しく、ものを言えない雰囲気が強い」「職場に閉塞感が漂っている」など、他部門を含む同僚からは、「自己主張が強く、開発部門の利害ばかりを優先する」「上に対する立ち回りが上手い」「自部署第一で、関係者にしわ寄せが生じている」といったコメントが見られます。

　森さん率いる難しい開発案件について、計画に沿って順調に進んでいるように思っていただけに、山崎さんにとって、サーベイの結果は意外なものでした。「言われてみれば、確かに森さんには少々強引な面があるが、ここまで周囲から批判がでるとは思っていなかった。このサーベイの結果を、森さんの育成にどう活かすべきか」と、山崎さんは考えはじめました。

他者の眼を通した部下の姿

　「他者の見方」を取り入れる際、「他者から見た自分」だけでなく、「他者から見た部下」を知ることは、部下を多面的にとらえ、その問題点や潜在力に関する見落としをなくし、育成へとつなげていくために有効な方法です（図4-6）。

　先の例では、山崎さんの眼には、森さんは「少々強引な面はあるものの、難しいプロジェクトを計画どおり進める力がある優れた人材」と映っています。しかしながら、部下の眼には、森さんは「管理が厳しく、極端な仕

図4-6　他者の眼を通した部下の姿

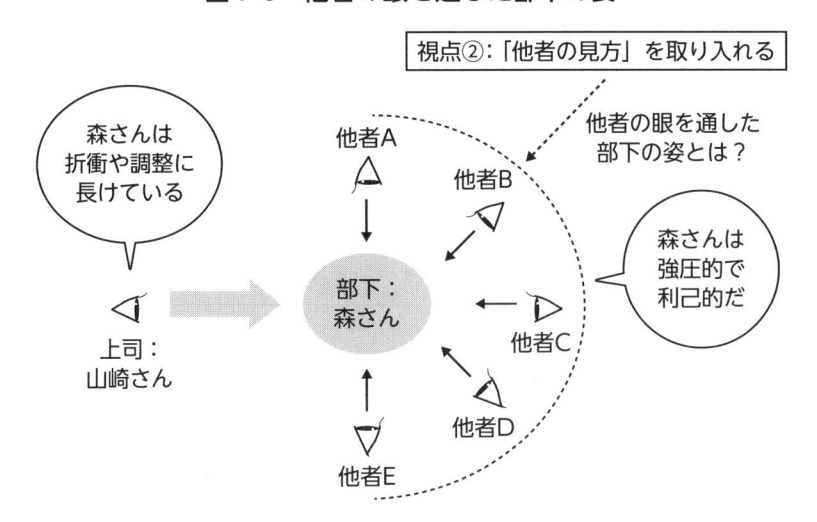

事志向で、強圧的な上司」として、同僚の眼には「交渉力には長けている
ものの、自部署の利害ばかりを考えている利己的なマネジャー」として映
っています。

　ここで注目すべきことは、実際の森さんが、本当に強圧的かつ利己的か
否か、そのものではありません。むしろ、その真偽に関わらず、部下や同
僚の眼には、「森さんが強圧的で利己的な人物として認識されている」と
いう事実です。

　人は、自分の認識に基づいて、物事を考え、判断し、行動します。した
がって、「森さんが強圧的で利己的だ」という認識を持てば、部下や同僚
は、森さんが「強圧的で利己的だ」という前提のもとで、物事を考え、判
断し、行動します。だとすれば、森さんは、周囲と良好な人間関係を築く
ことができず、いずれ問題が顕在化し、最終的には、プロジェクトの進捗
にも影響を及ぼすことになります。

　このように考えると、上司として山崎さんは、森さんの育成上の重要課
題として、人間関係構築力に関わる問題を認識する必要があります。もち

ろん、他者の意見を鵜呑みにすることは、避けなければなりません。部下に関して、他者から自分とは異なる見解が出た場合には、その見解が、部下のどのような行動に基づいて出てきたものなのか、できるだけ根拠となる事実を把握することが重要です。森さんの例でいえば、「強圧的で利己的」という周囲の認識が、森さんの何から形成されたのか、日常の本人の発言や行動を振り返りながら、考えていく必要があります。

　一般に、自分の部下に対する他者の視点を取り入れることは、自分の眼だけでは観察しきれない部下の強みや改善点を発見するのに役立ちます。森さんの育成課題も、山崎さんの眼だけでは認識できず、業務上の立場や接点が異なり、観察できる行動も異なる他者の見方を取り入れることで、はじめて認識できるものでした。このように、上司からは見えない部下の側面を理解することは、効果的な部下育成のためには、欠かすことができないものです。

主観の集合体と客観性

　自分の部下をとらえる際、他者の視点を取り入れることは、部下に関する見落としをなくすとともに、もう1つ、部下に対する見方の客観性を高める上で有効です。

　例えば、「森さんの仕事のやり方は強引である」と、森さんの部下全員が考えるとすれば、かなりの確率で、森さんの行動に強引さがあると考えられます。仮に、同僚についても、10人中9人が同様の見解を示せば、さらにその可能性は高まります。主観が多く集まり、そこに共通の見解が見られれば、そこには一定の客観性があると考えられます。すなわち、主観の集合体の中から、客観的な見解を見出すことができるのです。

　どんなに客観的に物事を見ようとしても、人間誰しも、ある程度、自分の主観的な見方にとらわれることは、避けられません。しかしながら、こうした主観的な見方を数多く集め、ここでの共通認識を見つけることで、部下に対するより客観的な見方を取り入れることができます。こうした見

方は、より客観的に部下の育成課題を把握するうえで、有益なものだといえるでしょう。

3. 視点③:「人材の本質」を掘り下げる

「人材の本質」を掘り下げるとは

　育成対象となる「人材」について多面的に考えるための視点として、ここまで、「自分の見方」を俯瞰すること、および、「他者の見方」を取り入れることについて、触れてきました。しかしながら、自分にしても、他者にしても、育成対象となる部下の特徴を、単にピンポイントでとらえるだけでは、部下1人ひとりが持つ個性や育成課題を的確に把握することはできません。もう1つ、ここで考えておくべき視点が、「人材の本質」を掘り下げることです。

　ここで「人材の本質」を掘り下げるとは、自分の見方の偏りを認識し、異なる角度から他者の見方を取り入れたうえで、改めて、育成対象となる個人の強みや弱みの核となる本質的な特徴をとらえ直すことを意味しています。その際、まずは認識できる発言や行動の特徴全体を考察することで、複数の点でとらえた特徴を面として把握します。その上で、そうした発言や行動の基底にある目に見えない本質を掘り下げて分析し、平面的にとらえた特徴を立体的にとらえ直します。このようにして、「個人の特徴」の全体像を立体的に把握することで、その個人の成長課題を正しく特定し、隠れたポテンシャルを把握し、より効果的な個人の育成へとつなげていくことができます。

　そこで、以下、「人材の本質」を把握するために有効な切り口について、具体的な事例を踏まえながら、考えていきましょう。

「指示待ち社員では、育てようがありません」

マネジャーの池田さんには、4人の部下がいます。そのうち最年少の橋本さんは、新卒で入社して3年が経ちますが、なかなか期待通りの成長が見られません。特に、そろそろ中堅担当者として独り立ちしてもらうことを考えると、仕事に対する消極的な姿勢が気にかかります。

池田さんの部署の業務は、やるべきことは明確である一方、さまざまな規程を遵守して進める必要があり、手順と内容は複雑です。細かな業務知識がないと、主体的に進めることが容易ではありません。どうやら、橋本さんは、こうした知識を適用して複雑な業務を処理することが、苦手なようです。

橋本さんは、池田さんが具体的な手順を示したことについては、期待通りの対応ができますが、目標と背景だけを示して、やり方を任せようとすると、思うように前に進みません。このため、池田さんは、やむなく頻繁に進捗を確認し、その都度、必要な指示を行うようにしています。こうした現状から、池田さんは「本人がこんな指示待ちの状態を続けていては、育てたくても育てようがない」と感じています。

こうした中、部長の発案で、若手のアイデアを生かした業務効率化のための小さなタスクフォースが結成されることになりました。部長からは、「メンバーは、部内の各部署から、入社5年以内の若手社員を1人ずつ選出すること」、「タスクフォースのアドバイザーには、業務マネジャーの阿部さんがつくこと」、「第1四半期末までに部署内で実施可能な業務効率化提案を出すこと」との指示がなされました。池田さんの部署では、該当する若手社員は橋本さんしかいないため、必然的に橋本さんがメンバーとして参加することになりました。

タスクフォースの活動が始まって 半月ほど経過したある日、部内マネジャー会議が終わると、阿部さんが池田さんに話しかけました。「池田さんのところの橋本さん、タスクフォースでは、随分活躍しているようだね。

一見おとなしそうな性格だけど、とてもアイデアが豊富で驚きだ。タスクフォースのメンバーは、みな頼りになると言っているよ」。

日頃の行動とはかけ離れた橋本さんの様子を聞いて、池田さんは、「あの指示待ちの橋本さんに、いったい何が起こったのか」と、自分の耳を疑わずにはいられませんでした。

部下の隠れた力量を見極める

マネジャーの池田さんは、日常業務での橋本さんの行動から、本人の育成に関し、消極的で受け身の姿勢を問題視しています。ところが、新たに始まったタスクフォースでは、橋本さんは、業務効率化へ向けた検討で前向きな行動を示します。池田さんは、こうした橋本さんの行動を、阿部さんから耳にします。前節で触れたように、ここでも、「他者の見方」を知ることは、部下に関する見落としを避け、育成へ向けてヒントを得るうえで、有効な手段であることがわかります。

一方で、部下の特徴を押さえるためには、単純に他者の話を聞いて、「他者の見方」を知るだけでは十分ではありません。池田さんは、たまたま橋本さんがタスクフォースに参加し、そこで日常では見られない行動を示したからこそ、阿部さんの話を通じて、自分の知らない橋本さんの側面を知ることになりました。したがって、そもそもタスクフォースへの参加がなければ、阿部さんから話を聞いても、新たな橋本さんの側面を発見することはできなかったといえます。

ここで重要なことは、部下について、「自分が把握していることは何か」、逆に「自分が把握できてない点は何か」を、改めて押さえ直すこと。その上で、後者を把握するための工夫を行うことです。

では、上司は部下について、何を把握し、何を把握していないのか。通常、上司は、遂行すべき業務との関係の中で、部下の行動をとらえます。このため、上司の意識は、業務の遂行に関係のある部下の行動に限定されがちです。その結果、部下が担当する業務遂行に必要な行動と能力の把握

は適切に行われます。一方で、現時点で直接必要のない能力の有無については意識の外にあり、考えないまま放置される傾向があります。そうなると、部下の潜在的な能力の把握は、おろそかになります。

橋本さんがアイデア豊富な人材であるという点は、これまでの業務とは異なるタスクフォースにおける業務改善提案業務に関わる中で、初めて顕在化しました。池田さんの部署では、複雑な業務処理が中心で、日常業務において新たなアイデアが求められる場面は、ほとんどありません。したがって、池田さんは、これまでの担当とは異なる業務で必要な別の能力が、橋本さんに隠れているとは、考えてもみませんでした。

担当業務において必要な行動や能力を部下が満たしているか否かは、上司にとっては、重要な関心事です。一方で、それ以外の業務において必要とされる別の行動や能力を、部下が備えているか否かについては、上司の意識から外れがちです。上司は、この点を意識し、部下のポテンシャルを見つける努力を行わなければ、部下の隠れた才能は、埋もれたままになります。同時に、部下の潜在的な弱みについても、それが顕在化するまで放

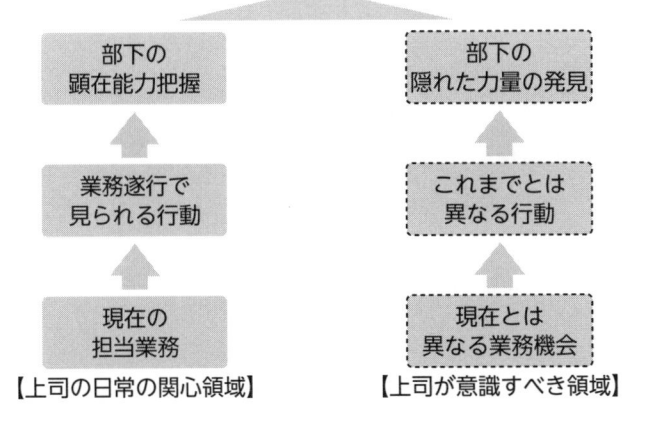

図4-7　隠れた力量の発見

【部下の個性と育成課題の特定】
将来へ向けて、何を伸ばし、何を改善すべきか？

部下の顕在能力把握	部下の隠れた力量の発見
業務遂行で見られる行動	これまでとは異なる行動
現在の担当業務	現在とは異なる業務機会
【上司の日常の関心領域】	【上司が意識すべき領域】

第IV章
「人材」を多面的に考える

置されます。そうなると、いずれにしても、部下自身の成長にとっては、大きなマイナスです。

　部下の隠れた力量を見極めるためには、上司は、部下が現職で必要な能力を把握するだけでなく、現在とは異なる業務に携わる機会を意図的に創り出し、部下の隠れた強みや弱みが顕在化する機会を作ることが重要です。そうすることで、将来へ向けて、部下が伸ばすべき強みや改善すべき弱みを的確に把握し、より効果的な育成を考えていくことができるのです（図 4-7）。

部下の特徴を見極めるための5つの観点

　ここまで考えてきたとおり、部下1人ひとりが持つ個性や育成課題を的確に把握するためには、現時点で部下が担当する業務について、上司から見える部下の行動を観察するだけでは十分ではありません。上司として観察しにくい顧客や他部門と部下のやり取りについて、関係する他者から情報を得ることが重要です。加えて、これまでより幅の広い業務や質の異なる業務に携わる機会を与えることで、部下の隠れた才能、および、潜在的な弱みを発見し、長所を伸ばす取り組みを進めることを忘れてはなりません。

　このように、育成対象である部下について、上司から見える点、他者から見える点、ならびに、新たな機会をきっかけに見えてくる点を、おのおのつなぎ合わせ、部下への理解を点から面へと広げていくことは、人材の本質を掘り下げていくための第一段階です。

　ここで、部下の特徴の全体像が見えてきたら、次に、部下の特徴の中で、注目すべき特徴を洗い出して、本人の育成上の課題と、その人ならではの個性を見極めていきます。

　では、部下の育成課題と個性を見極めるためには、どのようなことに留意しておけばよいのでしょうか。ここでは、5つの観点を押さえておきましょう（図 4-8）。

図4-8 部下の特徴の見極め

【5つの観点】
1. 分解する　　→ 特徴を分けると、具体的にどう表現できるか
2. 大きさを見る　→ 特徴の頻度・比率・程度は、どれくらいか
3. パターンを探す → 特徴が観察されるときに、一定のパターンはないか
4. 変化を見る　　→ 長期の時間軸で見た場合、特徴に変化は生じていないか
5. 比較する　　→ 他と比較して、その特徴は際立ったものか

　第1の観点は「分解する」こと。個性を見極めるといっても、漠然と個人の特徴を表現するだけでは、明確な強みや課題が見えてきません。例えば、「アイデアが豊富」といっただけでは、単に奇抜な考えを思いつくだけなのか、独創的かつ革新的な発想に優れているのか、あるいは、問題解決思考に長けているのか、明確ではありません。また、デザイン、技術、業務プロセス、事業モデルなど、何に関するアイデアかが曖昧です。したがって、個人の特徴を、より具体的に分解して考えていくことは、個性を明らかにする上で欠かせません。

　第2は「大きさ（頻度・比率・程度）を見る」こと。例えば、部下に受身の姿勢がみられる場合、その特徴は「どのくらい多くみられるのか（頻度）」、「全体の中で、どのくらいの割合を占めるのか（比率）」、「どれくらい極端なものなのか（程度）」など、おのおのの切り口からとらえ直し、その特徴が、どのくらい特徴的なのかを見極めることです。

　第3は、「パターンを探す」こと。例えば、上司からの指摘に対し、部下がしばしば言い訳をする場合、「言い訳の仕方に規則性はあるのか、それとも、不規則でばらつきが大きいのか」、「同様の指摘に対して、言い訳

をしないことはないのか」、あるいは、「言い訳をする時としない時では、何に違いがあるのか」など、その特徴が観察されるときのパターンを探すことです。

第4は、「変化を見る」ことです。例えば、部下の挑戦意欲が高い場合、「もともとチャレンジ志向の高い行動をとっていたのか」、「何かを転機として、何事にも挑戦するようになったのか」など、その特徴について、時間軸を広げて、変化の有無を見ることです。

第5は、「比較する」ことです。例えば、同じ経験年数の他の社員と比較する、他社の同世代の社員と比較する、あるいは、対象となる空間を広げて、海外企業の同じ役割レベルの人材と比較するなど、複数の比較対象を取り入れて、その特徴を比べてみることです。

このような5つの観点を持って、さまざまな角度から部下の特徴を分析すれば、成長へ向けた個人の開発課題を、より明確に押さえることができます。同時に、個性的だと思う特徴の中から、その個人ならではの特徴を峻別し、真の個性を見極めることができてきます。

「何度言っても、改善が見られず、困っています」

係長の石川さんは、3人のチームメンバーを率いるリーダーの立場にいます。上司の山下さんは、石川さんには、もう一段階の成長を遂げたうえで、課長への昇進を果たしてほしいと考えています。そのためには、石川さんに、メンバーへの指導力を高めてもらう必要があります。しかしながら、現状の石川さんの指導力には、疑問符が付きます。特に、メンバーの行動に問題があっても、それを明確に指摘することなく、曖昧な言い方でやり過ごしてしまう点が、気掛かりです。課長昇進のためには、この点を改善することが、必須の条件です。

このような認識に基づいて、山下さんは、石川さんのメンバーへの指導方法について、重点的にアドバイスを行っています。例えば、「メンバーの行動上の問題を指摘する際には、事実をもとに、問題となる具体的な行

動を伝えること」「その行動がなぜ問題か、また、どのような行動を本来とるべきなのか、メンバーに理解を促すこと」「そうした会話を通じて、今後同様の場面に遭遇した場合、適切な行動を取ることができるよう、メンバーの成長につなげること」など、リーダーとして取るべき行動について、丁寧な助言を行います。

これに対し、石川さんは、大きくうなずきながら「自分の問題点が、よくわかります。今後は、指摘された点に気をつけて、メンバー指導にあたります」と、理解を示します。しかしながら、実際に、メンバーに対する指導が必要な場面に直面すると、なんとなく遠回しな表現でお茶を濁してしまい、問題点をはっきりと伝えることができません。山下さんは、こうした状況を目撃するたびに、石川さんへのアドバイスを繰り返していますが、何度言っても、石川さんの指導法に改善は見られません。このような状況から、山下さんは、どのようにして石川さんの指導力の改善を促し、育成を進めて行ったらよいのか、悩みを深めています。

部下の特徴を立体化する

ここまで、部下に関する特徴を点から面へとつなぎあわせ、部下の全体像を把握した上で、部下の個性と育成課題を特定するための考え方について触れました。しかしながら、石川さんの事例で見られる通り、部下の個性や育成上の課題は、目に見える行動レベルで平面的にとらえただけでは、効果的な育成につなげることはできません。ここで、もう一歩、踏み込んで考えるべきことは、部下の発言や行動の基底にある目に見えない本質を掘り下げ、個人の特徴を立体的にとらえることです（図4-9）。

先の事例でいえば、「石川さんは、なぜ何度言っても、メンバーの指導における行動の改善ができないのか」「石川さんが指導を適切にできないという行動の裏に、何が隠れているのか」掘り下げることで、石川さんの育成課題を立体的に把握することが必要です。

ここで、仮に石川さんが山下さんのアドバイスを理解しているとすれば、

図4-9　部下の特徴を立体化する

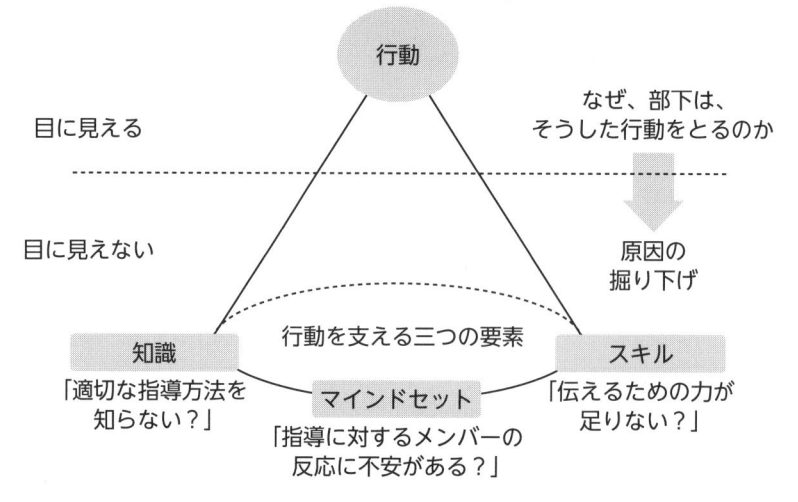

石川さんは「適切な指導のやり方そのものは知っている」ことになります。しかしながら、何かを知っているということと、知っていることを行動として実践することは、全く別の事柄です。だとすれば、石川さんに改善が見られないのは、あるべき指導法を知らないからではなく、そうした指導を実現するだけの伝える力が足りないからかもしれません。さらに、そうした伝える力があったとしても、いざ指導する場面に直面すると、明確な指摘に対してメンバーから反論や反発が出てくることを恐れて、はっきりと伝えることを逡巡しているのかもしれません。

　このように、行動における課題の原因を掘り下げ、行動と原因との関係を立体的に明らかにすることができれば、山下さんは、石川さんの育成に関し、適切な解決法を見つけることができます。例えば、相手に伝える力の不足が原因であれば、より多くの伝達機会を活用して、実際に物事を伝える力を訓練することが有効です。また、相手の反応への不安が原因であれば、「人は指摘に対して反発する。相手に反発されるのは怖く、避けた

いことだ」といった自分のものの見方に気づかせ、「人が指摘に対して反発するのは、その指摘を受け入れ、自らを変えていくためには、必要なプロセスだ。したがって、相手の反発を恐れたり、避けたりする必要は全くない」といった新たな見方を獲得し、心理的な不安を払拭できるよう促すことが必要となります。

眼に見える行動、眼に見えない要件

　このように、行動面における特徴を立体化するための枠組みとして、人材育成の原理原則で触れた「行動を支える３つの要素」を活用して考えることは有益です。

　ここで改めて概念を整理しておくと、「知識」とは、ある領域について獲得された情報、すなわち、知っていることそのものをさします。例えば、「問題点の指摘は、具体的な事実に基づいて行うと、効果的である」という情報は、指導方法に関する知識の１つです。「スキル」とは、学習によって獲得される何かを行うために必要な能力です。例えば、実際に問題点を伝えるためのコミュニケーション能力は、対人関係スキルの１つです。「マインドセット」とは、ものの見方や考え方、すなわち、考え方の枠組みや思考様式を指します。例えば、他者の問題点を指摘する場面を、「相手に対する貢献の機会」と見るか、「相手の反発を招くリスクの場」と考えるかは、マインドセットの違いを表しています。一般に人が「あるべき行動」を実際に行うためには、その行動を実現するための基盤として「知識」「スキル」「マインドセット」の３つの要素を備えている必要があります。

　部下の特徴の全体像を把握したら、眼に見える行動の原因を掘り下げ、眼に見えない３つの要素との関係を明らかにし、部下の特徴を立体的にとらえ直すことが重要です。そうすれば、部下育成について、眼に見える現象面での課題の裏にある本質的な課題を突き止め、より効果的な育成に向けた対策を打つことができます。

要 点

- 人は、通常、自分のものの見方の特徴について、意識しないままに物事を考える。しかしながら、自分自身の見方に癖や偏りがあると、部下の特徴を正しく把握することはできない。こうした自分の中に潜む無意識のバイアスを認識するためには、「自分の見方」を俯瞰し、認識することが必要だ。そのためには、"組織の慣習"を疑い、"成功の呪縛"に気づくこと、また、"同質の思い込み"、"類型化の罠"、"悪意なき差別"に陥っていないか、自らを省みることが肝要だ。

- 自分の主観的な見方の限界を補うためには、自分とは異なる考え方や立場を持つ「他者の見方」を取り入れ、「自分の見方」を相対化することが効果的である。こうした「他者の見方」は、第1に、自分に対する「他者の見方」を知ることで、自分の姿を振り返り、自分の見方の癖や偏りに気づくため、第2に、部下に対する「他者の見方」を知ることで、部下の育成課題の見落としを防ぐために、効果を発揮する。

- 「自分の見方」を俯瞰し、「他者の見方」を取り入れることで、部下のさまざまな特徴を把握できたら、それを立体化してとらえ直すことが重要である。すなわち、第1に、把握したさまざまな点を面へとつなぎ合わせ、部下の眼に見える行動面での特徴の全体像を理解すること。第2に、部下の行動の基底にある目に見えない特徴を、知識、スキル、マインドセットという3つの要素に分けて掘り下げることである。そうすることで、本質的な部下の個性と育成課題を特定し、より効果的な部下育成につなげることができる。

自分への問いかけ

☐ 私には、どのような固定観念があり、私は、どのように偏った見方にとらわれているだろうか。また、自分の見方を俯瞰するために、どのような工夫ができるだろうか。

☐ 私は、人材育成に関し、誰のどのような意見に耳を傾けているだろうか。また、そこで得た情報を、どのように活かしているだろうか。

☐ 私は、部下の特徴を、どのように把握しているだろうか。また、部下の育成課題をどのように特定しているだろうか。

「関係」を
多面的に考える

探求する問い

▶上司と部下の二者間の関係を、
　いかに客観的に把握するか?

▶他者の主観を理解するとは、
　どういうことか?

▶上司と部下の間の行き違いの原因を、
　いかにして突き止めるか?

二者間の関係のとらえ方

　第Ⅳ章では、育成対象となる「人材」を多面的にとらえるために、「自分の見方」を俯瞰する、「他者の見方」を取り入れる、「人材の本質」を見極める、という３つの視点について、検討してきました。ここで育成対象である「人材」に関する理解を深めることができたら、次に必要なことは、一段視野を広げて、育成対象者と育成者との二者間の「関係」を多面的に考えることです。

　そこで、第Ⅴ章では、人材育成の当事者である「上司」と育つ主体としての部下との「関係」に焦点をあて、両者の関係を多面的に考えるための視点について考察します。具体的には、「二者間の関係」を客観視する、「相手の主観」を理解する、「ズレの原因」を分析すると言う３つの視点について、検討を加えます（図5-1）。

図5-1　「関係」を多面的に考えるための視点

【上司の育成の取り組みを機能させるには？】

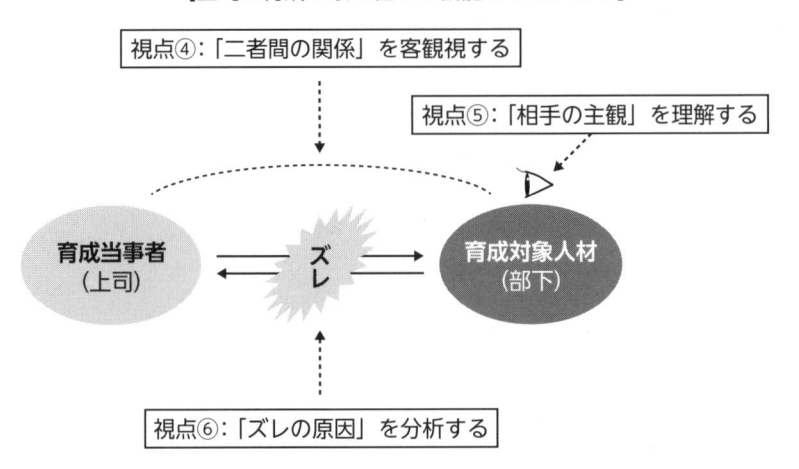

1. 視点④:「二者間の関係」を客観視する

なぜ「二者間の関係」を客観視するのか

　一般に、上司と部下では立場が異なるため、ものの見方や考え方が異なります。したがって、両者の間には、さまざまな形で認識の「ズレ」が生じ、両者の関係において「行き違い」が生まれます。その結果、上司が育成を意図してとった行動が、部下の側には、意図通りに受け入れられず、有効に機能しないという状況がしばしば起こります。こうした状況は、部下の多様化が進むに従い、より頻繁に生じます。

　このような事態を避けるためには、まずは、上司と部下の間で、どこにどのような「ズレ」が生まれているのか、客観的に把握することが欠かせません。では、二者間の「ズレ」を客観的に見るためには、どのような点に気をつけたらよいのでしょうか。ここでは、相手に対する自分自身の思い込みを排すること、および、自らを当事者の制約から解放して考えることの2点について考えます。

「よかれと思いやったことが、ハラスメントととられてしまいました」

　中島さんは、学生時代の運動部での経験が、今の自分にとって、大きな糧となっていると感じています。とりわけ、自分の体力の限界に挑みながら毎日の練習を続けたことは、貴重な経験でした。自分ではとても無理だと思うような厳しい状況の中でも、最後まで諦めずに耐え抜く精神力を身につけることができたと実感しています。

　こうした経験を活かし、中島さんは、社会人になってからも、仕事で逃げたり反発したりすることは皆無です。上からの理不尽とも思える命令や要求を正面から受け止め、自分なりに精いっぱい対応することで、ビジネ

スに関する自分の力を伸ばしています。また、マネジャーとして、部下を持つようになってからは、自分が若い頃の経験を踏まえ、あえて厳しい試練を与えながら、部下の育成を図ってきました。

こうした中、3年の社会人経験を経て転職してきた石井さんが、中島さんのもとに配属されました。上司の部長からは、「少々おとなしい性格かもしれないが、まだ若く潜在力もあるはずだ。じっくり育ててやって欲しい」と言われています。

中島さんの眼から見ると、石井さんはとても真面目な性格です。ところが、仕事ぶりを見ていると、一生懸命やってはいるのですが、何かと機転が利かず、なかなか担当する業務に慣れることができません。このままでは、顧客や関係部門からも、石井さんの対応に不満の声が出てこないか、気掛かりです。

そこで、中島さんは「本人の将来のためにも、今のうちに、甘やかすことなく、厳しく鍛えなおすことが大切だ。多少きついかもしれないが、熱い思いを持って指導すれば、きっと成長してくれるに違いない」と考え、しばらくの間、石井さんに対して、直接、1対1での重点的な指導をはじめることにしました。

中島さんは、早速石井さんを呼び寄せると、「石井さんも、この会社に入って丸2カ月だ。早く仕事に慣れようと真面目に取り組んでいるのはわかるが、今の状態のままじゃあ、今年の新入社員にだって笑われるぞ。1人前になるまで、みっちり鍛えていくので、覚悟してがんばるように！」と伝えました。

その翌日から、自分自身が忙しいにもかかわらず、中島さんは石井さんから毎日細かく報告を受け、終業時刻を過ぎても気にせず、時間をかけて、1つひとつ仕事のやり方を教えていきました。また、自分の思いをしっかり伝えようと、「石井さんは、まだまだ未熟なのだから、人一倍努力しなくちゃいけない」「報告を聞くので、私がオフィスに戻るまで、帰宅せずに待つように」「こんなことができないなんて、子供じゃないんだ」「そ

んなことでくじけてどうする」「このままだと、いなくても、同じだと思われるぞ」といった言葉を投げかけ、叱咤激励を続けました。

それから1カ月ほどたったある日、中島さんは、突然、自部門の担当役員の小川さんから、呼び出しを受けました。「仕事は抜かりなくやっているし、異動の時期でもないのに、いったいなんだろう」と思いつつ役員室に向かいました。ところが、そこで待ち受けていたのは、中島さんにとって、全く予想外のことでした。

役員室には、小川さんだけでなく、なぜか上司の部長、さらには人事部長が同席していました。中島さんが中に入ると、小川さんは、中島さんの顔を見つめながら、すぐに話を始めました。「中島さん、あなたの部下の石井さんから、『上司からハラスメントを受けている』との訴えがありました……」。

中島さんの頭の中は、真っ白です。「部下の成長を思い、よかれと思って指導してきたことが、こともあろうにハラスメントと取られてしまうとは……」。

善意が仇となる育成努力

上司が善意のつもりで行った言動、あるいは、少なくとも悪気はなく行った言動が、相手に悪意として伝わってしまう事態が、しばしば職場で発生しています。先の例では、中島さんは、石井さんの育成のために、よかれと思って、重点的な指導を行っています。しかしながら、石井さんは、中島さんの言動を、自分より強い立場にある人からの一方的な嫌がらせ、いわゆる、パワーハラスメントとして、受け止めています。

当然のことながら、悪意をもって相手に嫌がらせをすることは、決して許されることではありません。同時に、仮に悪意はなく、あるいは、本人としては善意で行ったものであっても、相手が嫌がらせだと感じる行為は、厳に慎まなければなりません。中島さんの言動には、相手の尊厳を傷つけ、あるいは、相手に不快感や苦痛、不利益や脅威を感じさせる言葉や行為が

含まれています。石井さんから見れば、まさにハラスメントに他なりません。

　残念なことに、上司の部下に対する育成指導の場面において、上司が悪意なきハラスメントを行ってしまうケースは、実際の職場では、後を絶ちません。考えてみれば、上司自身は悪気がなく、誰かに指摘されるまで、その問題に気づかないわけですから、このような状況がなかなかなくならないのは、当然かもしれません。

　こうした事態の発生は、同じ言動であっても、人によって、その受け止め方に違いがあることに起因しています。また、こうした受け止め方の違いは、社会的な価値観や考え方が多様化すればするほど、より多く生じます。したがって、世の中の変化にもかかわらず、上司が、こうした変化を正しく理解せず、過去の自分のやり方を続けていけば、上司と部下の認識に食い違いが生じる場面は増えていきます。

　中島さんの過去の経験からすれば、自分が行った行為は、厳しいけれども成長のために効果的なやり方であり、部下育成のために必要なものです。しかしながら、今日の社会的な価値観に照らしてみれば、中島さんの具体的な指導にあたっての言動は、相手を傷つける不適切な行為と言わざるを得ません。中島さんの善意に基づく育成努力は、結果的に、仇となっています。

自尊感情の毀損と自己防御反応

　このような上司と部下の行き違いは、それぞれの感情に与える影響を考えると、その解決へ向けて、大きな困難が伴います。

　先の事例で考えると、中島さんの言葉は、石井さんに対して、自分自身の能力や努力、さらには、自分自身の価値や存在意義をも否定されたとの感情を引き起こしています。要するに、部下の側は、自尊感情を大きく傷つけられた状態にあります。

　一方で、中島さんは、石井さんの訴えに関し、部下の成長を考え、善意

図5-2 自尊感情の毀損と自己防御反応

【悪意なき上司の行為が、部下を傷つけてしまう状況】

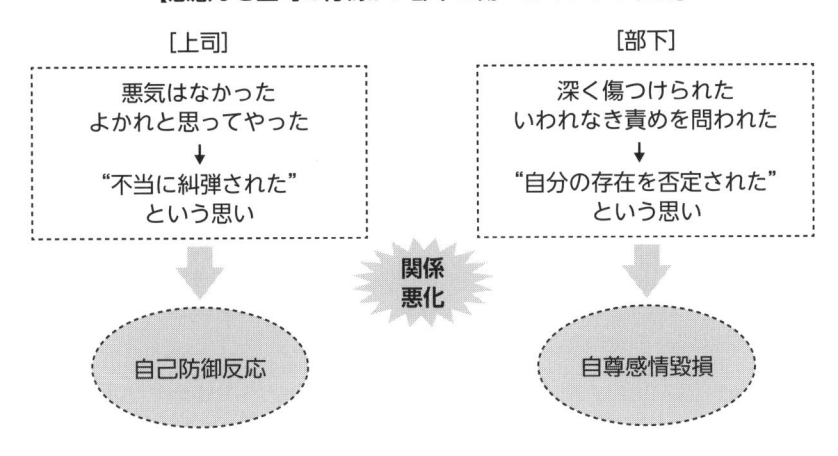

でかけた叱咤激励の言葉が、ハラスメントととらえられるのは心外であり、自分は不当に扱われているといった感情を抱いても、不思議ではありません。言いかえると、上司の側は、自分自身の問題を認めることを避け、自分の行為を正当化したいという感情にかられます。いわゆる自己防御反応が生まれるのです。

　上司と部下のこのような感情の状態は、両者の関係をさらに悪化させます。自分自身が拠り所としてきたものが傷つけられ、自分自身が摩耗していく感情に支配され、互いに敵意を抱き、あるいは、冷え込んだ関係が増幅されていきます（図 5-2）。

相手に対する思い込みを排する

　上司として、このような悪循環を断ち切るためには、何よりも、一歩立ち止まり、自らの自己防御反応に気づき、自分の言動の妥当性について問い直し、相手に対する自分自身の思い込みを排することが必要です。その際、自分の行為を善悪という評価軸のみでとらえると、「自分は善意でや

ったのだから、悪くない」「これまで、自分のやり方で成長した部下はたくさんいる」「指導を受ける側にだって、問題があるはずだ」といった自己弁護の感情が生まれやすくなります。

　こうした状況を避けるためには、第Ⅳ章で触れたように、まずは、「善悪」と「有効性」を分けて考えることが効果的です。いったん、物事の良し悪しという判断軸を横におき、「自分の行為が、自分が意図した通りに、うまく機能しているか否か」といった客観的な観点から、自分自身の言動を見つめ直します。中島さんの事例でいえば、「中島さんの叱咤激励が、石井さんの育成という意図に沿って、相手の成長に寄与しているか否か」という観点で、中島さんが自分自身の言動をみるということです。そうすれば、自己の感情に支配されることを避けつつ、自分の行為が機能していないことを自ら理解することができます。そのうえで、「なぜ、機能しないのか」という問いかけを通じて、相手の尊厳を傷つける言葉を自分が発していることに気づけば、「善悪」の軸においても、自分自身に問題があることを理解することができます（図5-3）。

図5-3　相手に対する思い込みを排する

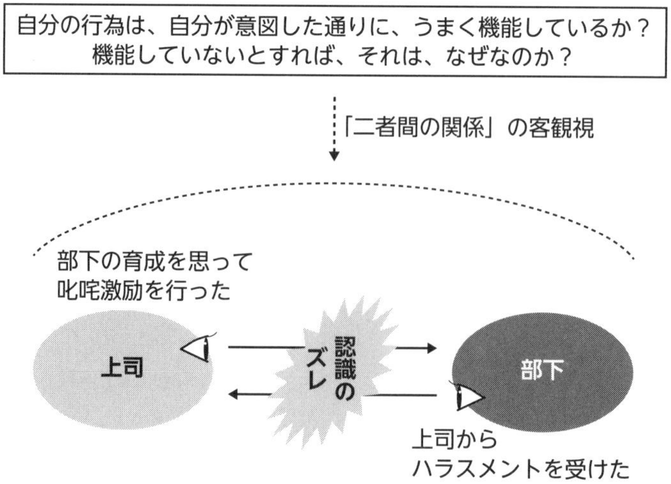

自分の行為は、自分が意図した通りに、うまく機能しているか？
機能していないとすれば、それは、なぜなのか？

「二者間の関係」の客観視

部下の育成を思って
叱咤激励を行った

上司　　認識のズレ　　部下

上司から
ハラスメントを受けた

このようにして、「二者間の関係」を客観的に把握することは、上司と部下の行き違いを避け、効果的な育成の基本となる信頼関係を築くうえで欠かせません。そのためには、日常から自らの言動が他者に与える影響について、一歩立ち止まり振り返る癖をつけておくことが大切です。そうすることで、自分自身の行為の有効性を確認し、そこでの思い込みに気づき、誤った信念から生じる部下との行き違いを避けることができるのです。同時に、万一、相手に対して意図せぬ影響を与えてしまった場合でも、そのことに早期に気づき、あるいは、その失敗から学び、自己防御反応を避けながら、指導育成の取り組みを改善していくことができます。

「事業部長は仕事人間で、話がかみあいません」

前田さんは、大学を卒業後、現在の企業に入社して 30 年、時に私生活を犠牲にしながら、仕事第一で地道に努力を重ね、現在は事業部長として活躍しています。前田さんが入社した頃は、多くの社員にとって、安定した大手企業に就職し、年次を重ねるに従い徐々に昇進し、定年まで同じ会社で働き続けることは、暗黙の合意と言ってよいほど、当たり前のことでした。同時に、10 年 20 年と勤続期間が長くなるにつれ、少しずつ同期の間で昇進や処遇に差がついていくため、たとえ現状に不満があっても、将来の昇進への期待を胸に、同期との競争に負けないよう、上から認めてもらう努力を続けることが重要だと考えられていました。

一方、大学院修士課程を修了後、入社丸 6 年になる岡田さんは、前田さんの事業部で、若手のホープと目される人材です。その仕事ぶりについては、直属の上司や前田さんだけでなく、同僚や関係部門からも高い評価を得ています。とりわけ、効率重視で無駄のない仕事のやり方を行い、他の人には思いつかないようなユニークなアイデアを取り入れ、他者を巻き込んで仕事を進める様子は、周囲から大きな注目を集めています。

こうした中、新たに社長に就任した長谷川さんは、会社の核となる人材の計画的育成という新方針を打ち出しました。社長の新方針を受け、同社

では、管理職昇進前、30歳代前半の社員の中から、将来が期待される人材を選抜し、次世代の経営を担う若手人材の育成を目指す全社的なプログラムが発足することになりました。このプログラムは、実際の業務と研修を連携させ、部門横断的な異動昇進も視野に入れ、計画的に経営人材を育てようというものです。同時に、新社長は、全社的な人材育成の動きを加速するため、事業部長から役員に上がるための評価基準の1つとして、新たに後継人材育成への積極的な関与を加えることを宣言し、このプログラムを、後継人材育成へ向けた具体的施策の第1弾として位置づけました。

これに対し、秘かに役員を目指している前田さんは、必然的に後継人材育成でも早期に実績を出したいと考えました。そこで、前田さんは、優秀な人材は自分の事業部の中で囲い込んでおきたいという誘惑を抑え、自分の部門からは岡田さんを選抜してプログラムへ参加させ、後継人材育成のモデルケースにしようと考えました。前田さんとしては、岡田さんのプログラムへの参加は、本人のキャリア形成という意味だけでなく、事業部長としての後継者育成への前向きな取り組みを示すうえでも、絶好の機会だと考えたのです。

ところが、プログラム参加の話を前田さんから直接岡田さんに伝えたところ、岡田さんからは、思わぬ返事が戻ってきました。「今の担当業務を続けながら、そのプログラムに参加すると、これまでより多くの時間を会社のために費やさざるを得ません。研修は、平日だけでなく土曜日にも開催され、参加者同士のグループワークも課されるので、週末のプライベートな時間が削られます。私の場合、共働きなので、今よりも家族には負担をかけたくはありませんし、何よりも家族との大切な時間を犠牲にすることは考えられません。ありがたいお話ではありますが、見送らせていただきたいと思います」。

これに対し、前田さんは、「岡田さんの能力を高く評価し、将来の幹部候補としても大きな期待を持っている。新たに始まるこのプログラムはキャリア形成の上でも、大きなチャンスである。多少業務上の負荷がかかっ

ても、頑張れば将来必ず報われる。研修参加そのものは1年間の予定で、家族へのしわ寄せも一時的なものである」などと参加すべき理由をあげ、岡田さんに対して、執拗な説得を続けました。しかしながら、岡田さんの意思は固く、説得しようとすればするほど、岡田さんの態度は硬化していきます。最後には、2人の間になんとなく険悪な雰囲気が漂いはじめたため、前田さんは、最終的に、この人選を諦めざるを得ませんでした。岡田さんには大いに期待していただけに、前田さんは失望の気持ちでいっぱいです。

　一方、岡田さんは、事業部長の執拗な説得に対して、「前田さんは仕事人間で、全く話が噛み合わない。こうした事業部長がいる会社で、これから働き続けてよいものだろうか」と感じながら、自分の机に向かいました。

当事者の制約

　前田さんは、岡田さんに、将来の会社を担う人材として大きな期待を抱いています。また、優秀な社員が会社からの昇進への期待に応えることは当然だと思っています。さらに、新社長の後継人材育成重視の方針を受け、会社と本人だけでなく、前田さん自身の評価にとっても、岡田さんの育成は重要だと考えています。

　しかしながら、岡田さんは、前田さんの期待とは裏腹に、昇進へのこだわりは強くありません。むしろワークライフバランスを重視しており、プログラムへの参加には否定的です。会社の仕事もさることながら、岡田さんにとっては、私生活において家族との時間を確保することが、何よりも大切な事柄です。このことは、会社における仕事とキャリアに関する考え方について、2人の間に大きな溝が存在することを示しています。その結果、両者のやり取りはかみあわず、互いの気持ちにも大きなズレが生まれています。

　ではなぜ、前田さんは、このような二者間の溝に気づくことなく、岡田さんに対する執拗な説得を続け、失望に至ってしまったのでしょう。第1

に、前田さん自身の過去の経験から形作られた会社優先の考え方が、岡田さんの意志を無視した期待を生み出した点があげられます。このため、前田さんは自分の考えを疑うことなく、岡田さんに対する不毛な説得を続け、両者の関係を傷つけ、最後には期待を裏切られたと感じます。

第2に、もう1つ前田さんの過剰な説得と失望を生み出した理由として考えられるのが、自分自身の評価に対する影響です。岡田さんは、前田さんをプログラムに参加させることが、新社長に対して後継者育成への積極姿勢を示す貴重な機会だと考えています。この機会を活かせるか否かは、会社に対する貢献と同時に、新社長からの評価を得るという意味でも、前田さんにとっては重要なことです。当然、前田さんは、何とか岡田さんを説得したいと考えます。逆に、岡田さんを説得できず、この機会を生かせないとなると、前田さんの岡田さんに対する失望の念は大きくなります。

人は無意識のうちに、主観的一面的にものごとを考えます。その際、考えるべき事柄が、自分自身の利害に関われば関わるほど、こうした傾向は強まります。前田さんの事例では、事業部長としての自身の評価という利害が、「優秀な社員である岡田さんは、会社からの昇進期待に応え、プログラムに参加すべきである」との思いを、さらに強化しています。要するに、人は当事者になると、否が応でも自分自身の利害を考えてしまうため、主観的一面的なものの見方以外、できなくなる傾向があります。こうした状況を、ここでは、"当事者の制約"と呼んでおきましょう。

立場を離れて考える

では、こうした当事者の制約を避けるためには、どうすればよいのでしょうか。ここで、いったん自分の立場を離れ、第三者の立場で客観的に考えようと試みることは、1つの有効な手段です。すなわち、自分自身が今直面している事柄に関し、利害や責任の無い立場になったつもりで、当事者の外にでて、二者間の関係を考えてみるということです（図5-4）。

こうした思考ができれば、個別の利害にとらわれず、より客観的な物の

図5-4　立場を離れて考える

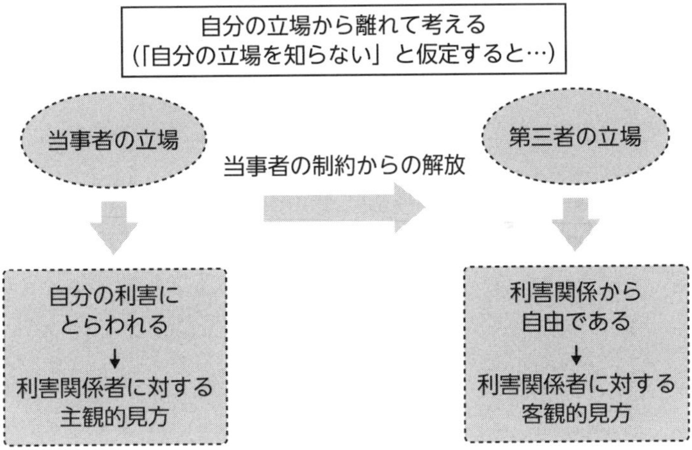

```
┌─────────────────────────────────────┐
│      自分の立場から離れて考える        │
│ (「自分の立場を知らない」と仮定すると…) │
└─────────────────────────────────────┘

    (当事者の立場)      当事者の制約からの解放      (第三者の立場)

        ↓              ─────────→              ↓

  ┌──────────────┐                      ┌──────────────┐
  │  自分の利害に  │                      │  利害関係から  │
  │  とらわれる    │                      │  自由である    │
  │     ↓         │                      │     ↓         │
  │ 利害関係者に対する│                    │ 利害関係者に対する│
  │  主観的見方    │                      │  客観的見方    │
  └──────────────┘                      └──────────────┘
```

見方と判断がなされる可能性が高まります。前田さんの事例でいえば、前田さんが事業部長としての立場を離れ、自分に対する社長の評価という利害をいったん忘れて、第三者の立場で、前田さんと岡田さんとの関係を考えることを意味します。あるいは、第三者の立場の代わりに、自分がどの立場にあるのか、自分自身が知らない状態にあることを想定して、考えてみることも有効です。そうすれば、少なくとも、執拗な説得による関係の悪化と自身の失望という状態を防ぐことは、できたかもしれません。

　もちろん、誰しも人間である以上、完全に自分自身の利害から離れて、第三者の立場で客観的に物事を考えることは不可能です。しかしながら、当事者の立場の外に出るという思考の実験を試みることは、そのような試みがない場合に比べれば、当事者の制約を多少なりとも回避することに役立ちます。二者間の関係を客観視するためには、こうした立場を離れた思考を行うことが重要です。

2. 視点⑤：「相手の主観」を理解する

「相手の主観」とは

「二者間の関係」を客観視することができたら、次に「相手の主観」の理解を試みる必要があります。なぜならば、相手に対する自分の思い込みを排除し、第三者の立場で「二者間の関係」を把握しても、相手の主観的な見方そのものは理解できないからです。

主観とは、特定の個人が物事を認識する際の固有のものの見方です。したがって、「相手の主観」とは、相手の目から見た世界の見え方であり、言い方を変えれば、相手が生きている世界そのものを意味します。言うまでもなく、相手の目に映る世界は、自分の目に映る世界、あるいは、第三者の目に映る世界と、同じではありません。それゆえ、「二者間の関係」を漏れなくとらえるためには、「自分の主観」および「第三者としての客観」だけでなく、「相手の主観」を理解することが、欠かせない条件です。

「なぜかプレゼンが苦手で、進歩が見られません」

藤田さんは、他社で営業支援の仕事に6年間携わった後、現在働く会社のマーケティング部門に転職し、3年が経過します。藤田さんは、転職後、すぐに市場データの分析と新しいマーケティング企画において頭角をあらわし、今では、同部門になくてはならない存在となっています。

上司の後藤さんは、こうした藤田さんの活躍を頼もしく思っていますが、一方で、今後の本人の成長を考えると、大きな懸念があります。藤田さんは、どういうわけか人前で話をするのが苦手なのです。特にプレゼンテーションでは、緊張する様子がありありと見え、せっかくの素晴らしい企画も、聞き手に十分内容を伝えられないままに、終わってしまうことが、しばしばです。これから先、部署を率いるリーダーとして、社内外の関係者

を巻き込みながら、藤田さんに活躍してもらうためには、プレゼンテーション力の強化は、避けて通れない育成課題です。

そこで、後藤さんは、藤田さんに対して、プレゼンテーションスキル養成講座への参加やプレゼンテーション本番前の模擬演習など、できる限りプレゼンテーション力強化のための機会を提供してきました。また、実際のプレゼンテーションの後には、必ず振り返りを行い、改善点についてアドバイスを行ってきました。にもかかわらず、いざプレゼンテーションを行う場面になると、藤田さんは、言葉に詰まったり、しどろもどろになったりして、思うように進歩が見られません。

こうした状況から、最近では、後藤さんは、「藤田さんは、どうしても人前に立つと、あがってしまうようだ。これは、プレゼンテーションスキルというより、心理的な問題だ」と考えています。そこで、後藤さんは、プレゼンテーション前に、「あれだけしっかり内容を練り込んでいるのだから、心配しなくても大丈夫だ。もっと自信を持って、気楽にプレゼンに臨めば、失敗することはないから」と、リラックスさせようと声をかけるのですが、藤田さんには、なかなか効き目がありません。「どのように指導すれば、藤田さんが、緊張せずに人前で話せるように成長できるのか」後藤さんの悩みは、深まるばかりです。

一方、藤田さんは、上司からの丁寧な指導やアドバイスが重なれば重なるほど、かえって緊張が高まり、ますますプレゼンテーションが苦手になっていくのを感じていました。

客観的思考の限界

ここで、まず事例に描かれた状況を、第三者の立場になって、客観的に見直してみましょう。藤田さんは、分析と企画を得意とする一方で、人前でのプレゼンテーションが苦手です。後藤さんは、こうした藤田さんのプレゼンテーション能力を上げるために、さまざまな形でトレーニング機会を提供しました。しかしながら、藤田さんのプレゼンテーションに改善は

見られず、後藤さんは、藤田さんの問題はスキルそのものにあるのではなく、人前に出ると緊張するという心理的なものであると推測しています。ここで、今後の成長へ向けて、「藤田さんはプレゼンテーション力の改善が必要である」という認識において、藤田さんと後藤さんの間でズレは生じていません。そこで、後藤さんは、実際のプレゼンテーションを改善するためには、人前であがることのないよう、藤田さんの緊張を和らげることが有効であると考えます。

しかしながら、藤田さんの緊張を解こうとする後藤さんの努力は、これまでのところ、実を結んでいません。後藤さんは、藤田さんのプレゼンへの苦手意識を克服するために、有効な打ち手を見つけることができないままです。このままでは、藤田さん育成の取り組みは、立ち止まらざるを得ない状況です。

このように、自分と他者との関係については、特定の立場を離れ、利害関係のない第三者の立場で客観的に物事を整理しても、適切な解を見つけるには至らないことが、しばしばあります。こうした状況に直面するのは、二者間の関係の中に、相手の主観という、客観的な視点からは見えない世界が存在するからです。とりわけ相手の主観に起因する問題については、相手の主観を理解しないことには、解決しようがありません。このことは、人に関わる問題に関して、客観的思考には限界があることを示しています（図5-5）。

したがって、二者間の関係を見る場合、自分自身の主観に加え、第三者の立場で客観的に物事をとらえるだけでは、十分ではありません。もう1つ、「相手の主観」を理解することが必要です。自分自身の主観的な世界が、客観的な視点からだけでは理解できないのと同様に、相手の主観的な世界も、客観的な視点からだけでは理解できないことを考えれば、相手の主観を理解することの重要性がよくわかります。したがって、二者間の関係を多面的に見ていくためには、相手の主観を理解することを忘れてはなりません。

図5-5　客観的思考の限界

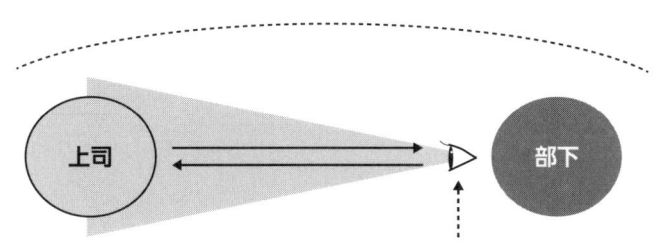

「二者間の関係」の客観視

特定の立場にとらわれず
客観的に考える

上司　←→　部下

「相手の主観」＝「部下の見ている世界」は
客観的な視点からは見えない

相手の眼を通した世界を理解する

　では、相手の主観を理解するとは、どういうことなのでしょうか。ここではまず、主観と客観の違いを考えることから始めましょう。

　第Ⅱ章で見たとおり、一般論として、新たな仕事にチャレンジすることは、個人の成長にとって重要なことです。だとすれば、客観的な立場から、例えば「さらなる自己成長のために、あなたは○○にチャレンジすべきだ」と助言することは、妥当なことであり、かつ、難しいことではありません。

　しかしながら、実際に○○の仕事にチャレンジする当事者の立場になると、この言葉をそのまま素直に受け止めることは容易ではありません。というのも、当事者として新たな仕事にチャレンジすることは、「今までよりも業務上の負担が増える」「これまでにはない苦労や困難に直面する」「失敗した時に大きな責任が降りかかってくる」と言った懸念や不安について、自らが身をもって引き受けることを意味するからです。

　このような懸念や不安は、第三者の客観的な立場から見るだけでは、理

解することはできません。仮にできたとしても、それは理屈の上での理解にとどまります。相手の主観を理解するためには、こうした懸念や不安が生み出す感覚や感情を想像し、自分の中で疑似体験を行うところまで踏み込んで、相手の目を通した世界を描く必要があります。

このように、主観と客観との間には大きな距離があります。そして、相手の主観を理解するためには、自分の主観の世界で自らの体験そのものを体感するように、相手の主観の世界を想像し、五感全体を使った疑似体験によって、相手の世界を体感する努力が必要です。

例えば、上述の藤田さんは、人前で話しをする際、自分が思うように話せず、自分の失敗が誰の目にもわかってしまう状況を恐れる余り、大きなプレッシャーを感じ、緊張してしまうのかもしれません。だとすると、藤田さんの主観の世界では、上司がスキルアップの機会提供や指導を行ったことは、「これだけ訓練や準備の機会をもらったのだから、これ以上の失敗は許されない」という圧力として、受け止められているかもしれません。また、「気楽にプレゼンに臨めば、失敗することはないから」といった声がけも、「もしも気楽に臨めず、緊張してしまったら、また失敗してしまう」といった不安を煽るものとして、とらえられている可能性があります。

ここで、仮に後藤さんが、そこでの本人の気持ちも含めて、このような藤田さんの主観の世界を、多少なりとも想像することができていたら、相手をリラックスさせようという行為が、藤田さんの主観の世界では、さらなるプレッシャーとして受け止められ、かえって緊張を高める結果になり得るということを、事前に予測できたかもしれません。だとすれば、代わりに「途中でつかえても問題ないから、一度、気楽にプレゼンに臨んでみたら」といった、失敗を許容する声がけを試してみるといった発想が生まれる可能性がでてきます。当然のことながら、この声がけが功を奏するとは限りませんが、これまでのアプローチが機能しなければ、こうした新たなやり方を試す価値は十分にあります。相手の主観を理解するとは、こうした相手の感情や感覚を含めて、相手が体感している世界について五感を

駆使して理解することに他なりません。

　もちろん、自分は他人ではない以上、人が他者の主観の世界を描くことには、限界があります。とりわけ、自分とは異なるタイプの相手の主観を想像することは、容易なことではありません。しかしながら、初めから他者の主観を理解することを放棄するよりも、多少なりともそうした努力を行った方が、二者間の関係を多面的かつ的確にとらえられることは、間違いありません。また自分とは異なるバックグラウンドや価値観を持った人々と積極的に交流し、日ごろから、自分とは違うタイプの人々のものの見方や考え方を理解する努力を行うことは、他者の主観を理解するための感度をあげることに役立ちます。さらにいえば、小説、美術、音楽などを通じて、さまざまな世界観に関心を持ち、明快な論理だけでなく豊かな感情を培い、理性だけでなく感性を磨くことは重要です。こうした取り組みを続ければ、相手の主観を理解する力を確実にあげることができます。

「育休期間が終わり復職しましたが、的外れの気遣いに失望しています」

　近藤さんは、第一子出産後、育児休職を終えた村上さんを、上司として1年ぶりに迎え入れることになりました。村上さんは、もともと向上心が高く、仕事もよくできる即戦力でした。このため、近藤さんは、村上さんの復職を心待ちにしています。一方で、近藤さんは、育児休職からの復職後、仕事と育児の両立が難しいとの理由で、1年もたたないうちに退職してしまった他部署の事例を、いくつか目にしています。このため、近藤さんは、貴重な人材である村上さんが、そうした状態に陥ることのないよう、しばらくの間は、それ相応の配慮を行うことが必要だと考えています。

　そこで、近藤さんは、復職後の村上さんについて、関係部門とのやり取りなど、自分の意思に反して時間を拘束されやすい仕事をできるだけ避け、本人の裁量のもとに、ある程度自分の時間を制御できる業務を担当してもらうことにしました。また、業務量についても、休職前よりも軽くし、残

業などの負荷がかからないよう気を配りました。

　こうして村上さんが復職し、半月ほど経った頃、関係者の都合で、複数の部門から集まる会議が、就業時間後に開催されることになりました。この会議の議題は、村上さんの業務に直接関係するもので、通常であれば、近藤さんの部署からは、村上さんが出席するのが妥当です。しかしながら、近藤さんは、普段は子供の送り迎えで定時に帰っている村上さんに出席してもらうのは難しいだろうと考え、会議のテーマに間接的に関係する遠藤さんに出席してもらうことにしました。

　ところが、これを知った村上さんは、近藤さんに対し、「今回の会議のテーマは、私の担当範囲です。なぜ、私ではなく遠藤さんが出席することになったのですか」と質問してきました。近藤さんは、あからさまに村上さんへの配慮であると言うのも、押しつけがましいと思い、「この件については、これから遠藤さんにも関わりが出てくるものだ。それに村上さんが出席しなくても、会議の内容は、後日、遠藤さんから聞いてもらえば、問題ないよ。それより、はじめての育児で何かと大変だと思うから、あまり頑張りすぎないように」と、遠回しに答えました。

　これに対し、普段は温和な話し方をする村上さんが、突然、嚙みついてきました。「１年間のブランクを少しでも早く取り戻し、キャリアアップをはかりたいと思っているのに、大変失礼ですが、近藤さんの的外れの気遣いには失望しています。せっかく、夫婦で家事と育児をうまく分担しながら、お互いにこれから頑張っていこうって話し合ったところなのに、職場に復帰してみたら、まるで新人扱いです。担当業務だって、休職前より単純で易しいものばかりで、やりがいを感じられません。今回の会議についても、時間外勤務を避けるための配慮をいただいているのかもしれませんが、私としては、せっかくの機会を奪われているとしか思えません……」。

　近藤さんは、やるべき仕事が山積みの中、村上さんに対する最大限の配慮を行ってきたつもりでした。にもかかわらず、村上さんが、このような

反発を示すとは、全く予想外です。「育児で大変だろうと思って、せっかく無理して配慮しているのに、文句を言われるとは、ひどい話だ。そんなに言うなら、どんどん時間外も働いてもらうことにしようか。でも、そうすると、すぐに辞めてしまうかもしれないし。どこまで我儘を認めるべきなのか」と、近藤さんは、混乱した気持ちを抑えることができずにいました。

相手の空間と時間を描く

相手の主観を理解するために、相手の目を通した世界を、相手の感情や感覚を含めて想像することの重要性は、すでに述べた通りです。上述の例では、近藤さんは、村上さんの目から見た復職後の世界が理解できておらず、本人の発言の意図も汲み取れずにいます。このまま、「どこが的外れの配慮なのか」「本来は、どのような配慮を行うべきなのか」、わからない状態だと、村上さんに対して適切な育成機会を提供できないばかりか、他部署の事例のように、村上さんの退職に発展してしまう可能性もあります。

　ここで、村上さんへの適切な配慮とは何か、近藤さんが理解するためには、まずは、村上さんの主観を理解することが大切です。では、想像力を働かせ、相手の主観を理解するためには、どのような点に留意しておけばよいのでしょうか。

　1つ目は、相手が置かれている空間を描くことです。例えば、村上さんのように、働きながら子育てをする人が置かれている空間は、どのように想像できるでしょうか。「親から離れて1日を過ごした1歳の子供は、親が迎えにいった時、どのような状態でいるのか」「子供とともに帰宅し、鍵をあけて家に入った時、部屋には、どのような空気が漂っているのか」「家事で忙しい中、突然、子供が泣きはじめたら、場の雰囲気は、どう変わるのか」具体的な情景を思い浮かべることによって、その空間の中にいる当事者の感覚や感情を、ある程度、体感することができてきます。

　2つ目は、相手が置かれている空間のイメージをつなぎ合わせながら、

時間の流れを描くことです。例えば、育児休職から1年ぶりに職場に復帰する村上さんの時間は、どのように描けるでしょうか。「やりがいを持って携わってきた仕事を、出産のために中断する」「将来のキャリアへの不安を抱えながら、初めての育児に1年間専念する」「育児に関わりながら、並行して、再び仕事に復帰する」。こうした出来事を、一連の流れとして体験すると、どのような感情や感覚が生まれるのか、その時々の変化を、自分が疑似体験するかのように想像することは、その中にいる当事者からみた世界を、理解するための助けになります。

　このように具体的なイメージが描くことは、例えば、仕事と育児の両立における村上さんの苦労について、また、仕事でのキャリアアップを目指しながら、ようやく復職した際の村上さんの仕事に対する期待について、より深く理解していくために役立ちます。近藤さんは、一般論として「仕事と育児の両立は大変なので、仕事上の負荷を軽減することが大切だ」と、単純に理屈だけで相手を理解したつもりになっています。しかしながら、村上さんという特定の個人について、その個人が抱える個別の状況を踏まえ、相手の主観を理解することができれば、「村上さんについては、仕事と育児の両立において、どういった制約があり、どこまで配慮が必要なのか」「その中で、村上さんがキャリアアップを図るためには、どのような業務の割り当てや成長機会の提供が可能なのか」といった点へ考慮が必要なことがわかります。このように相手の主観への理解が深まれば、近藤さんは、村上さんの発言の意図を理解し、より適切な対応を進めていくことができます。

自分と異なる主観を受け入れる

　もちろん、相手の世界が自分の世界とあまりにかけ離れている場合には、こうした想像を行うこと自体に、困難が伴います。また、相手の生活や価値観が、自分と大きく異なる場合には、仮に相手の置かれた空間や時間を想像したとしても、そこで持つ感情や感覚についても、「自分だったら、

そんなふうには考えないし、そのように感じることもない」と、異なるとらえ方をしてしまうかもしれません。

　では、このように相手の世界観が理解できない場合、どうすればよいのか。ここで留意しておくべきことは、少なくとも、「その相手が自分とは異なる感情や感覚を持っている」という事実を受け入れ、仮にそうした感情や感覚を持つことに対して自分が同意できなくても、相手がそうした主観を持っていること自体を受け入れることです。例えば、仕事と育児の両立に関して、「育児期間中は、仕事の負荷は軽い方が良い」と感じる人が、村上さんのように「育児期間中であっても、やりがいのある仕事を持って、キャリアアップを図りたい」という感情を理解できなかったとしても、そのように感じる人が存在すること自体を認め、受け入れることが重要です。なぜならば、そうした感情を持つ人の存在を受け入れないということは、相手の感情と存在を否定することにつながり、ひいては、相手を排斥することにつながるからです。

　近藤さんは、「育児休職から復帰後は、仕事と育児の両立は大変だから、業務負荷を軽くすべきだ」というステレオタイプにとらわれ、結果として、村上さんの成長機会を奪っています。こうした状況は、会社の人材育成という視点に立てば、大きな育成機会の損失です。一方で、村上さんとは異なり、業務負荷への配慮を求める部下も存在します。したがって、ここで大切なことは、部下1人ひとりの考え方が異なり得る状況においては、一般論で部下をとらえるのではなく、個別具体的に部下の主観の世界を理解する努力を行うことです。こうした取り組みを行うことは、自分とは異なる考えを持つ部下について、育成機会の見落としを避け、部下との関係性を維持発展させ、より効果的な人材育成を進めていく上で、欠くべからざる要件となっています。

3. 視点⑥:「ズレの原因」を分析する

関係のズレが生じる要因：現実・尺度・意思疎通

ここまで見てきたとおり、「二者間の関係」を客観視し、「相手の主観」を理解することは、上司と部下の間にあるズレを把握することに役立ちます。こうして、二者間の関係におけるズレをつかんだら、さらに一歩踏み込んで、二者間のズレの本質的な原因を突き止め、解決へ向けて適切な打ち手を考えていくことになります。ここで、ズレの原因を探るためには、関係のズレを3つに切り分けて考えることが、効果的です。

一般に二者間における考え方のズレは、「現実」、「尺度」、「意思疎通」のいずれかの要因から生まれます。第1に、そもそもおのおのが見えている「現実」が異なれば、当然、両者の考えにはズレが生じます。第2に、同じ「現実」をとらえていても、その事実を評価するものさしである「尺度」が異なれば、結果として、両者の判断は異なってきます。第3に、現実と尺度が揃っていても、十分な「意思疎通」がなされなければ、両者の間に誤解が生まれます。

そこで、本節では、これら3つの要因をもとに、二者間の「ズレの原因」を分析するための考え方を見ていきます。

「上司とキャリアの話をするのは、時間の無駄です」

新卒で入社して3年となる青木さんは、初任配属が国内事業部門だったものの、将来は、海外事業に携わり、世界中を飛び回って活躍したいと考えています。会社全体での海外事業比率は年々増えていることもあり、青木さんとしては、近い将来、まずは海外関連の担当業務に従事し、ゆくゆくは海外で勤務することを希望しています。

このため、青木さんは、通勤時間は英語の勉強に費やし、週末には英会

話学校に通い、また、機会あるごとに国際的に活躍するビジネスパーソンの講演会に参加するなど、自分のキャリアプラン実現へ向け、積極的に自己研鑽に取り組んでいます。また、海外事業に携わっている社内外の友人や先輩と頻繁に交流をはかり、海外で働くために必要と思われる知識やスキルを身につけるために多くのビジネス書を読むなど、自分なりの努力を重ねています。

　一方で、上司の坂本さんは、入社以来、一貫して国内事業に携わってきました。海外事業の土地勘はないものの、上司として青木さんの海外希望は理解しており、将来的に海外部門に異動することについて、異論はありません。しかしながら、青木さんについては、その前に、まずはビジネスの基本を身につけてもらうことが先決だと考えています。実際、青木さんの仕事のアウトプットを見ていると、必要最低限のレベルには達しているものの、決して平均的なパフォーマンスを上回るものではありません。また、自分の担当業務については真面目に行いますが、誰が担当すべきか境界が曖昧な業務については、何かと理由をつけて、他の人に押しつけようとする姿勢が目立ちます。

　このような現状を踏まえ、今年度の評価面談では、坂本さんは、青木さんに対して、仕事に対する積極性に欠ける点を指摘し、「今後のキャリアアップをはかっていく上でも、担当業務については、より高いアウトプットを出すための創意工夫の余地はないか考える。また、直接担当する業務以外であっても、部署として必要な業務に前向きに関わる」ように伝えました。

　これに対して、青木さんは、「今後のキャリアアップを考えているからこそ、できる限り仕事を効率的に行い、プライベートな時間も無駄にすることなく、精力的に自己研鑽に取り組んでいる。にもかかわらず、積極性に欠けるとは、坂本さんは自分のことを全く理解していない」と思いつつ、「こんな上司とキャリアの話をしても、時間の無駄になるだけだ」と、うつむいたまま、ただ黙って面談が終わるのを待つことにしました。

"見ている現実"を合わせる

　二者間の考え方のズレの原因を考える場合、第1に押さえるべきことは"見ている現実"を合わせることです（図5-6）。

　そもそも人が見る現実は、その人の関心によって大きく左右されます。海外でのキャリアに関心のある青木さんは、何よりも海外のキャリアに役立つ事柄が、多く目に入ります。しかしながら、自分の担当業務に関しては、最低限の事柄しか、意識の中にありません。一方で、国内事業を担う坂本さんは、自部署のメンバーの働きとその成果には目が行きます。しかしながら、海外の事柄についての意識は薄いといえます。このため、両者の目に入る事実や情報には差異が生まれ、おのおのが見ている現実には、ズレが生じます。要するに、人は自分の関心に基づいて、自分が目にする事実や情報を無意識のうちに取捨選択し、自分が見たい現実しか見ない傾向があるのです。このことは、同じ新聞を読んでも、政治に関心がある人と、経済に関心がある人とでは、そこから得る情報が異なることを考えれ

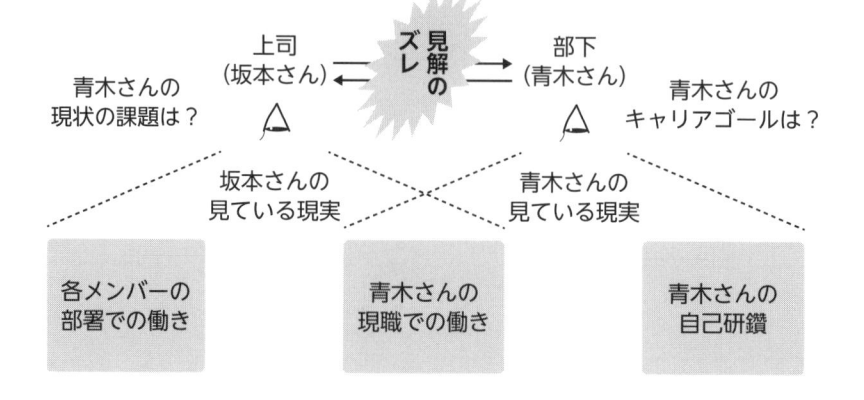

図5-6　"見ている現実"を合わせる

二者間で見ている現実が異なれば
キャリアに対する考え方も異なってくる

ば、容易に理解できます。

　上述の例では、青木さんは、自分のキャリアプランを実現すべく、仕事以外の時間を、将来のための学習にあて、さまざまな形で自己研鑽活動に励んでいます。しかしながら、こうした活動の現実は、上司の坂本さんには、見えていません。また、青木さんには、海外事業では何が必要とされるのか、社内外の人脈との交流を通じて、そこでの要件の一部が見えていますが、海外事業に土地勘がない坂本さんには、これらの現実は見えていません。

　一方で、上司である坂本さんは、部署の各メンバーの取り組みや成果全体が見える立場にあります。このため、高い成果を出すメンバーの存在や、直接の担当業務以外であっても、積極的に取り組み組織への貢献を果たすメンバーの存在が、視野に入っています。また、国内外を問わず、ビジネスを行う上で、どのような基本的な要件を身につける必要があるか、ある程度見えています。しかしながら、青木さんには、こうした現実が、必ずしも十分見えているわけではありません。

　このように、上司と部下で、見ている現実が異なれば、特定の事柄に関する意見が異なってくるのは、自然なことです。言いかえると、二者間の考えにズレが生まれる原因の１つは、そもそも、おのおのの目に見えている現実が異なっていることにあります。したがって、こうしたズレを防ぐには、まずは、お互いに見ている現実を合わせることが必要です。

　ここで見ている現実を合わせるとは、互いの考えをすり合わせるための基本として、おのおのが見ている事実や情報の量や範囲を合わせることです。例えば、坂本さんが、青木さんの職場外での自己研鑽の活動、あるいは、海外事業で必要とされる要件に目を向けること。一方で、青木さんは、職場での他のメンバーの仕事ぶりや成果のレベルを視野に入れること。そうすれば、坂本さんは、より的確に青木さんのキャリアゴールを理解し、逆に、青木さんは、より的確に自分自身の現状の課題を理解することができます。そうなれば、お互いに共通の現実に関する認識に立って、青木さ

んの育成上の課題を特定し、キャリアに関する建設的な話し合いを行うことができます。

　こうして、お互いが見る事実や情報の量や範囲を合わせることで、二者間のズレの第1の原因は、取り除くことができます。しかしながら、見ている現実を合わせても、その現実を見る際の評価基準が異なれば、両者の間のズレは、埋まらないことになります。そこで、次に、二者間のズレを生み出す2つ目の原因である現実を見る"尺度"について、考えていきましょう。

「多様性推進と言いながら、会社の考えは古すぎます」

　石田さんの会社は、ダイバーシティ推進を掲げ、多様な人材が活躍できる職場環境の整備を進めています。例えば、出産・育児・介護に関わる休暇、一定の条件を満たした場合に適用される時間短縮勤務、働く時間や場所の柔軟性を高めるフレックスタイムや在宅勤務など、多様な働き方を受け入れる諸制度の導入、あるいは、女性や外国人管理職の積極的な登用など、さまざまな施策を業界でいち早く進めてきました。

　一方、石田さんは、この春、社内最年少でマネジャーに昇進し、社内でも注目を集める存在です。こうした中、夏休みシーズンが明けたある日、石田さんから、上司の福田さんに対し、「来春1人目の子供が生まれることになった。ついては、第一子誕生後、引き続き1年間の育児休職に入りたい。休職後の職場体制の問題もあると思うので、早めにご報告しておきます」との申し出がありました。

　予想外の申し出に対し、福田さんは、とっさに「最年少でマネジャーになったばかりなのに、休職で1年いなくなるというのは、非常に残念だ。あなたには、ぜひ後輩たちのモデルになってほしいと思っている。会社としても、今後の成長を大いに期待していることを考えると、1年のブランクが空くのは、痛手だと言わざるを得ない。当然、あなた自身の今後のキャリアにとっても、好ましいことではないだろう。保育園を活用するなど、

育児休職期間を短縮できないか、考え直す余地はないのか」と問い返しました。

　石田さんは、「第一子誕生予定への祝福の言葉があると思ったのに、いきなり育児休職の期間を短くするよう圧力をかけてくるとは。多様性推進と言いながら、実態は形だけだ。この会社の考えは古すぎる」と心の中でショックを受けながらも、ここでひるんではいけないと考え、福田さんの目をしっかりと見返し毅然とした態度で、「家族と十分に話し合った上で決めたことですので、ご理解いただくようお願いします」と答えました。

“見る尺度”を合わせる

　第一子誕生と１年間の育児休暇の取得という事項に関して、石田さんと福田さんとの間では、見解が異なっています。最年少マネジャーで、将来への期待も大きい石田さんの育児休暇の取得は、福田さんからすると、社内でのキャリアにマイナスの影響を与えるものであり、できることであれば回避すべきことに他なりません。こうした見解の背景には、人生においては、会社でのキャリアアップを最優先すべきであるとの判断基準があります。

　一方で、石田さんにとっては、仕事上のキャリアだけでなく、家族との充実した私生活は、人生にとって重要な要素です。したがって、社内の公の制度として認められている育児休暇制度を利用することは、当然の権利であり、石田さんにとっては、必然の選択です。このように、石田さんの育児休暇取得をめぐる見解の相違は、両者が物事を見る際の判断基準の違いに起因するものです。

　一般に、同じ現実を前にした場合でも、あててみるものさしが異なっていれば、その現実に対する見解には、相違が生まれます。したがって、上司と部下の間において、同じ現実を共有しているにもかかわらず、両者の間に見解の相違が生じた場合は、それぞれの判断の拠り所となる尺度を確認することが重要です（図5-7）。

図5-7 "見る尺度"を合わせる

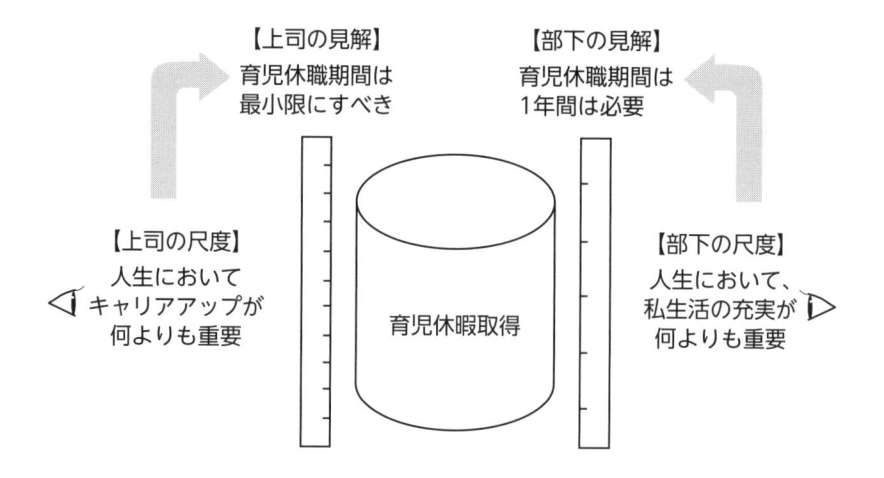

どちらの"尺度"に合わせるか

　では、上司と部下で尺度が異なった場合、どちらの尺度を採用すべきでしょうか。例えば新規投資や新製品開発など、いわゆる業務上の判断においては、両者が合意に至らない場合、通常、その業務に関する最終的な結果責任が上司の側にあるという意味において、上司の判断が優先されるべきです。

　しかしながら、福田さんの事例については、単純に上司の判断基準を優先すべきという論理は、成り立ちません。なぜならば、ここでの問題は、業務そのものに関わる事柄ではなく、働く人々の権利に関わる事項であるからです。こうした問題については、その権利を公に認めている以上は、権利を持つ個人の判断を尊重する必要があります。要するに、会社が公式の制度として認めた従業員の権利については、その条件を満たしている限りにおいて、従業員はそれを行使できるということです。

　この点を理解したうえで、ここでもう1つ注意しておくべきことは、石

田さんと福田さんの見解の相違が、おのおのが持つ価値観の違いから生じているという点です。価値観については、何が正しいか、論理的に決めることはできません。例えば、仕事上のキャリアと家族との生活と、どちらを優先するのが正しいかは、個人の価値観に基づくものであって、論理的に結論を出せるものではありません。

異なる価値観を受容する

したがって、二者間の間で価値観をめぐる尺度の違いが明らかになった場合、一方的に自分の尺度を押しつけることは、適切ではありません。ここで行うべきことは、相手の異なる価値観を受け止めるとともに、お互いの尺度が異なっているという事実を、相互に認め合うことです。

ここで、相手の価値観を認めるとは、必ずしも相手の価値観に同意することではありません。そうではなくて、自分の価値観と異なっていれば、「自分はあなたの価値観に同意しているわけではない。しかしながら、あなたが自分とは異なる価値観を持っているという事実を受け入れ、その事実を尊重する」という形で、相手の価値観を認めることが重要です。多様な価値観を認め、人材の多様性に応じた働き方を受け入れ、多様な人々に活躍をしてもらうということは、こうした考え方を基盤として、はじめて成り立つものです。

したがって、会社として育児休職制度を導入しているとすれば、たとえ自分の価値観とは異なっていても、制度利用者の基本的な権利を認めるとともに、その個人の価値観を尊重することが、あるべき姿です。だとすれば、石田さんの育児休職取得の申し出に対する福田さんのとっさの反応は、福田さんの価値観の押しつけと言わざるを得ません。

福田さんは、働く人々の価値観の多様化という現実への理解が乏しく、石田さんの価値観を無視した形で、一方的に石田さんの育成を考えています。その結果、両者の間では、育児休職取得をめぐる行き違いが生じ、相互の関係が損なわれています。これでは、石田さんの今後の効果的な育成

は望めません。人材育成の原理原則で触れたとおり、会社が個人に求める育成方針と個人が希望する自己成長のあり方との間の差異を確認し、互いにすり合わせを行うことは、人材育成の基本の1つです。そうしたすり合わせを進める際、互いに物事を見る際の尺度、ならびに、そのベースとなる価値観を確認することは、部下の多様化が進む中、決して外してはならない重要なポイントです。

自分の"尺度"を振り返る

ところで、上述の事例では、あえて石田さんの性別を示さずに、考えてきました。おそらく、第一子誕生後の育児休暇取得という内容と文脈から、石田さんは女性だと想定した読者が多かったのではないでしょうか。しかしながら、言うまでもなく、育児休暇の取得は、女性に限った話ではありません。

ここで仮に、石田さんが男性だったとしたら、福田さんは、どう対応すべきでしょうか。性別に関わらず、多様性を認めるという視点に立てば、石田さんが、女性であっても、男性であっても、福田さんがとるべき対応は、変わらないはずです。ここで、性別に関わらず同じ対応を行うべきだということに違和感を持つとすれば、その裏には、「女性は○○であるが、男性は××であるべき」といった、性別に関わるある種の偏見が自分の中に潜んでいないか、改めて振り返ってみる必要があります。同様に、性別以外の要素、例えば、人種、国籍、宗教、年齢、性的志向、身体的特徴などについても、自分の中に潜む偏見がないか意識化し、さまざまな違いを受け入れることは、多様な人材の育成と活用を進めていく上で、不可欠の事柄です。

ここまでで、二者間のズレの原因を突き止めるために、第1に、お互いに見ている事実や情報を確認し、見ている現実を合わせること、第2に、現実を見る際の評価基準を確認し、見る尺度を合わせることの重要性を考えてきました。そこで、最後に、二者間のズレを生み出す3つ目の

要因である"意思疎通"について、考えていきましょう。

「成長を期待して指導しても、黙り込んでしまいます」

　マネジャーになって4年目になる太田さんは、管理職として、常に効率を意識した仕事のやり方を心がけています。例えば、会議への参加は本当に必要なものだけに限定し、自ら主催する会議は、必ず時間内に終了します。部下に対する指示も、ポイントを簡潔かつ明快にまとめて伝えます。また、相手の業務を中断させることなく、かつ、伝達内容を記録として残すために、部下とのやり取りにおいても、メールを積極的に活用するようにしています。

　一方、西村さんは、他部署の業務に4年間携わった後、太田さんのもとに異動してきました。西村さんは、異動当初から周囲のメンバーとも積極的に交わり、短期間で新しい職場に慣れていく様子が見えました。ところが、異動後、時間の経過とともに、担当業務の遂行に関しては、いくつかの問題点が目立つようになりました。

　例えば、太田さんからメールで与えられた指示は、放置されていることがあります。「メールで送った件、どうなった」と声をかけたのを機に、初めてそのことが発覚し、改めて口頭で指示を出すと、ようやく動き出す状況です。また、仕事の優先順位づけにも問題があり、仕事の進捗を聞かれ、慌てて納期が迫った仕事に取り組むといったことが、頻繁に見られます。

　太田さんは、こうした状況に対し、その都度、「行き当たりばったりで仕事をしてはいけない。もっと計画的に仕事を進めてほしい」と指摘します。しかしながら、西村さんは、普段は普通に会話を交わしているにも関わらず、太田さんからの指導の場面になると、決まって黙り込んでしまいます。

　こうなると、太田さんは、お手上げ状態です。その度に、仕方なく、具体的な問題点を説明し、なぜ問題なのか、判断の基準を示した上で、「次

から気をつけるよう」に伝えます。すると、西村さんは、たいていうつむいたまま小さな声で「わかりました。申し訳ありません」と答えます。2人の間では、こうしたことが何度も繰り返され、これまでのところ、西村さんの行動に改善はみられません。

　一方、西村さんは、太田さんからの指導を受ける度に、「異動後、間もないため、まだまだ慣れない仕事が多い。また、太田さんは効率重視で、わからないことがあっても、なんとなく聞きづらい雰囲気だ。なのに、背景の説明もなく、次々とメールで指示が来ると、何から手をつけてよいのか、わからなくなってしまう。そんなところで、あれこれ問題点を一方的に指摘されても……」と、心の中で呟いていました。

"意思疎通"のプロセスを築く

　上司として、見ている現実とその現実を見る尺度を相手に伝えても、部下との間のズレが解消されないことは、少なくありません。太田さんは、具体的な問題となる行動を指摘し、なぜ問題なのか、判断の基準を示していますが、残念ながら、西村さんの行動改善には、つながっていません。こうした状況において、もう１つ押さえておく必要がある要因が、意思

図5-8　"意思疎通"のプロセスを築く

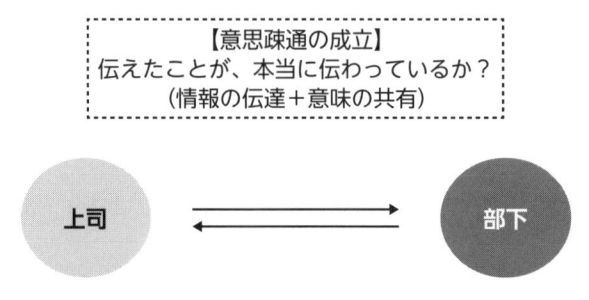

【意思疎通の成立】
伝えたことが、本当に伝わっているか？
（情報の伝達＋意味の共有）

上司　→　部下

● 基盤となる信頼関係はあるか？
● 双方向、かつ、論理と感情の両面を押さえて、情報を伝えているか？

疎通のプロセスです（図 5-8）。

　一般に、二者間の関係を構築し、維持発展させていくために、二者間で意思の疎通を図ることは欠かせません。そのためには、話し手から聞き手に対して、情報が流れるだけでなく、受け手がその情報の内容を理解し、二者間で意味の共有がなされることが必要です。言いかえると、話し手が伝えただけでは十分ではなく、話したことが聞き手に伝わって、初めて意思の疎通が図れることになります。こうした情報の流れと意味の共有というプロセスを、一方向だけではなく双方向で行うことが、有効な意思疎通の必要条件だと言えます。いわゆるコミュニケーションは、まさに、この意思疎通をはかることに他なりません。

　このように考えると、太田さんは部下とのメールでのやり取りを活用していますが、メールに記載した内容が、どこまで相手に伝わっているかは、わかりません。また、指導に当たっては、西村さんの問題点とその判断基準を伝えていますが、本人が、その言葉の意図することを十分に理解できているか否かは、別の事柄です。もちろん、上司の話を聞いている限りにおいて、西村さんは、上司が伝えた言葉の内容を、理屈としては理解しているかもしれません。しかしながら、理屈で理解することと、気持ちの上で理解し納得することは、これもまた別の事柄です。意思疎通においては、話し手の意図が伝わること、同時に、その意図を、単に理屈だけではなく、相手の気持ちの上でも、受け止めてもらうことが必要です。

　すでに触れた通り、人は自分に対する否定的なコメントを受け取る場合、自己防御反応を起こしがちです。太田さんの指摘に対し、西村さんも、「理屈の上ではそうかもしれないけれども、自分は、指摘されるほどダメな人間ではない」と言った自己防御の気持ちが生じても不思議ではありません。上司の部下に対する指導育成は、改善へ向けて部下の問題点を指摘するという意味で、部下の側に、まさにこうした言い訳や反発が生じやすい場面です。同時に、部下の側は、上司からの叱責を恐れて、西村さんのように、こうした言い訳や反発を上司に見せないことも少なくありま

せん。したがって、上司は、部下が黙って聞いていても、自分の伝えたことが、相手に伝わっているとは限らないという点を、肝に銘じておくことは重要です。

意思疎通の勘どころ〜伝えたことが、実際に伝わるためには

では、上司と部下との意思疎通において、上司として伝えた意図を、部下に理解し、受け止めてもらうためには、どのような点に留意しておけば良いのでしょうか。

そもそもの基本として、まずは意思疎通の基盤としての信頼関係を築くことです。ここで、部下から上司を見て信頼できるとは、上司が、上司としての役割を果たすのに十分な能力を備え、かつ、自ら言ったことについて、相手を裏切ることなく、誠実に行う意志があることを意味します。こうした信頼を得るためには、上司は、これら2つの条件を自分が備えていることを、日常の自らの言動を通じて、部下に理解してもらうことが必要です。

太田さんについていえば、西村さんは、異動して間もないため、そもそも両者の間に信頼関係の構築ができていなかった可能性があります。仮に、こうした信頼関係がなければ、自分の本心を伝えても、相手に十分に対応してもらえない、あるいは、逆に叱責されてしまう危険を感じて、相手と本音で話すことを躊躇してしまうことになります。

次に、意思疎通のやり方として、双方向で、かつ、相手の感情も扱いながら、情報の伝達を行うことが重要です。そのためには、自らが伝えたい内容を論理的にかつわかりやすく相手に伝えるだけではなく、相手の考えを引き出すために問いかけ行い、相手の発言に耳を傾ける必要があります。また、相手の感情を適切に扱うことも重要です。例えば、相手の自己防御を防ぐためには、問題となる行動について、いったんその行動に対する評価を控え、事実としてその行動を伝え、その行動がなぜ問題となるのか相手に気づいてもらうよう、問いかけていくことが求められます。このよう

な意思疎通の進め方は、いわゆるコーチングのコミュニケーション手法を活用することで、実現することができます。

　指導にあたって、太田さんは、メールでのやり取りを多用し、また、相手の話を聞く前に、まず問題の指摘を行い、続いて、具体的な問題点の説明を行っています。こうした意思疎通のプロセスでは、情報の流れは一方的になりがちです。また、「行き当たりばったり」といった指摘は、問題となる行動ではなく、その行動に対する上司としての評価を示したものです。したがって、改善すべき具体的な行動は伝わりにくく、また、相手の感情を刺激し、自己防御反応を引き起こしがちです。

　このように、上司が部下育成のための指導を行っても、上司と部下の間に有効な意思疎通のプロセスが実現していないと、部下の真の問題を把握し、育成につなげることはできません。両者の間にズレが生じたまま、上司の育成努力が機能しないことになります。したがって、見ている現実を合わせ、見る尺度を合わせたうえで、意思疎通を振り返ることは、上司と部下のズレの原因を突き止め、効果的な育成を図る上で必須の条件です。仮に、太田さんが、一定の信頼関係を築いた上で、双方向の会話を心がけ、傾聴と問いかけの姿勢を見せ、相互に言葉の意図を理解し合えたならば、西村さんは心を開き、西村さんが抱える問題を両者で共有し、本人の育成課題を明確化することができたかもしれません。

要 点

- 二者間の関係を多面的に考えるためには、まずは、二者間の関係を客観視することが欠かせない。そのための有効な方法とは、第1に、自らの自己防御反応に気づき、自らの思い込みを排すること。第2に、利害や責任のない第三者の立場になったつもりで、自らを当事者の制約から解放して考えることである。
- 一方で、客観的な視点だけでは、「相手の主観」を理解することはできない。相手の主観とは、相手の目から見た世界の見え方であり、言い方を変えれば、相手が生きている世界そのものである。こうした相手の主観を理解するためには、論理だけでなく感情に関心を持ち、理性だけでなく感性を働かせて、五感全てを使って、相手の空間と時間を想像する試みが欠かせない。
- 二者間の関係におけるズレを回避するためには、「ズレの原因」を3つの要因から分析することが必要である。すなわち、第1に "見ている現実" を合わせること。第2に "見る尺度" を合わせること。第3に "意思疎通のプロセス" を築くことである。

自分への問いかけ

- □私は、どのような視点から、部下との関係をとらえているだろうか。また、そうした関係を客観的にとらえるためには、どのような工夫ができるだろうか。
- □私は、部下の主観を理解するために、どのような工夫を行っているだろうか。また、部下の主観を、どのように受け止めているだろうか。
- □私と部下との間では、どのような行き違いがあるだろうか。また、そうした行き違いは、どこから生じているのだろうか。

「構造」を
多面的に考える

探求する問い

▶組織に潜む見えない力を、
　どのようにとらえるか?

▶組織のしくみは、
　人材育成にどう関係しているのか?

▶外部環境が組織環境に与える影響を、
　いかに押さえるか?

　第Ⅳ章では、「人材（部下）」を多面的にとらえるために、「自分の見方」を俯瞰する、「他者の見方」を取り入れる、「人材の本質」を掘り下げる、第Ⅴ章では、「関係」を多面的にとらえるために、「二者間の関係」を客観視する、「相手の主観」を理解する、「ズレの原因」を分析する、というおのおの３つの視点について、検討してきました。

　そこで、第Ⅵ章では、人材育成を多面的に見る第３のポイントとして、人材育成の当事者である「上司」と育つ主体としての「部下」に対して、両者を取り巻く「組織環境」が及ぼす影響に焦点をあて、これら３つの要素の「構造」を多面的に考えるための視点について考察します。具体的には、「見えない力」を可視化する、「組織のしくみ」をとらえ直す、「組織を取り巻く変化」を押さえるという３つの視点について、検討を加えます（図6-1）。

図6-1　「構造」を多面的に考えるための視点
【人が育つ組織環境を築くには？】

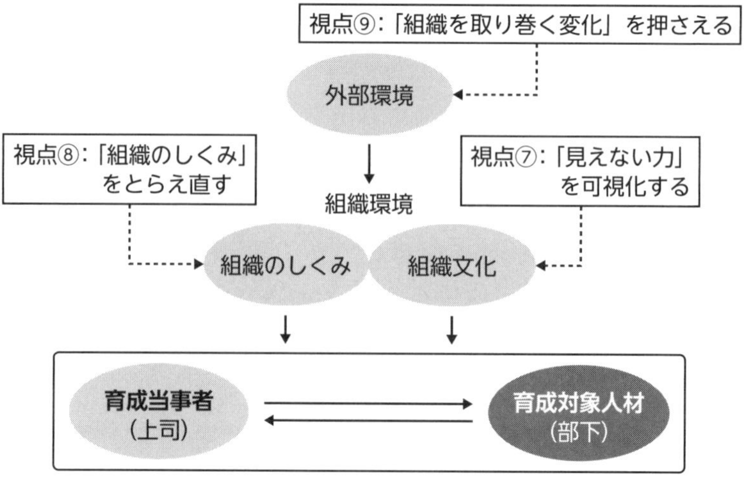

視点⑨:「組織を取り巻く変化」を押さえる

外部環境

視点⑧:「組織のしくみ」をとらえ直す

組織環境

視点⑦:「見えない力」を可視化する

組織のしくみ　　組織文化

育成当事者（上司）　　育成対象人材（部下）

1. 視点⑦:「見えない力」を可視化する

「見えない力」とは

　通常、職場における人材育成に関する取り組みは、主に上司と部下の関係の中で進められます。これは、上司が育成責任を持つ立場にあり、部下が育成対象であることを考えれば、必然的なことです。

　しかしながら、部下の基本的な資質に問題がなく、上司が部下に合った育成努力を続けても、思うように部下の成長につながらないことがあります。このような状況においては、上司と部下の二者間の関係のみを考えても、問題の解決に繋がりません。なぜならば、第Ⅲ章で触れたとおり、人材育成の有効性は、上司と部下の他に、組織環境という第3の要素の影響を受けるからです。

　組織環境のあり方は、上司と部下の行動に影響を与え、間接的に人材育成の有効性を左右します。中でも、組織文化の影響は、目に見えないがゆえに、見落としがちです。だからこそ、そこでの「見えない力」を可視化し、的確に認識することが欠かせません。

　組織文化とは、一般的に、組織メンバーに共有された価値観や信念を指し、組織メンバーの行動に影響を与え、その行動を規定するものです。したがって、会社、あるいは、各部署が持つ組織文化は、その組織における人材育成に関する行動に対しても、大きな影響を及ぼします。

　しかしながら、組織メンバーに共有された価値観や信念は、直接目に見ることができません。また、上司も部下も、同じ組織に属するメンバーであり、その組織が持つ文化の中にいるため、普段は自らの文化の特徴を意識することはありません。このため、組織メンバーは、自分自身が所属する組織が持っている文化の特徴を、あたり前のものだと考え、組織文化が自分たちに与えている影響に、なかなか気づきません。

こうした状況から、組織文化の特徴を把握し、その特徴が及ぼす「見えない力」を可視化することは、人が育つ組織環境を築くための基本として、忘れてはならない重要な点だといえます。

「成長へのチャレンジを与えようとしても、尻込みしてしまいます」

藤井さんは、管理職として3年の経験を積んだ後、今の会社に転職し、現在マネジャーとして、4人の部下を率いています。前職では、藤井さんは、管理職昇進後、部下に仕事をうまく任せることができず、自分で仕事を抱え込みすぎて体調を崩し、入院により休職を余儀なくされた苦い経験があります。この時の反省から、入院から復帰後は、思い切って部下に権限を委譲し、部下のチャレンジを支援しながら、部署全体での成果創出と部下育成を目指すチーム運営を心がけてきました。

しかしながら、転職して今の仕事に就いてからは、このようなやり方が思うように進まず、ストレスを感じる日々が続いています。特に、部下たちに新たなチャレンジを与えようとしても、部下の側が尻込みしてしまい、思うように権限委譲が進まない状況に困っています。こうした状態について、転職当初は、任せる仕事に対して部下の側の力量が追いついていないためかと考えましたが、実際の仕事ぶりを見ていると、どの部下もチャレンジに必要な基本的な能力は十分なレベルに達しています。

こうした中、藤井さんは、いきなり大胆に仕事を任せるのは、受ける部下の側に心理的抵抗があるだろうと考え、それぞれの部下が持つ力量を踏まえ、少し手を伸ばせば手が届くぐらいの無理のないチャレンジから、段階的に進めていこうとしました。しかしながら、部下たちは、みな少しでも不確実な要素があると、すぐに上司に指示や判断を求め、確実堅実に仕事を進めようとします。藤井さんの取り組みにも関わらず、部下たちがリスクを取って自ら判断し、主体的に仕事を進めようとする姿勢は見られません。

藤井さんは、「うまくいかなければ、軌道修正しながら、やり直せばいい。仮に失敗しても、その失敗を次に繋げれば、問題ない。最後は、私が責任をとるから、思い切って自分でやってみるように」と言って、チャレンジを促そうとします。ところが、各部下からは、「そんなことを言うマネジャーは、藤井さんだけです」「自分で勝手に判断して、少しでもやり直しがでると、前の上司からは、すぐに叱責されました」「今までチャレンジして、うまくいって褒められた人は見たことがありません」「結局この会社では、失敗しない人が認められるのです」といった反応が返ってきます。

　こうした現状について、「このような状態が続くと、昔のように、自分自身が仕事でパンクしてしまう。それに、自らのチャレンジなしに、確実にできる仕事だけを行っていたら、部下の成長は見込めない。部下たちのチャレンジ精神を引き出し、今の状況を変えていくためには、何が必要なのだろうか」と、藤井さんは、自分自身に問いかけていました。

部下の行動を支配する「見えない力」

　藤井さんの部下たちは、上からの指示にしたがって着実堅実に仕事を進めることを好みます。逆に、リスクを取ってチャレンジをすることをためらいます。藤井さんがチャレンジを促そうとしても、こうした姿勢に変化はありません。このことは、部下がチャレンジに躊躇する原因が、上司の言動にあるわけではないことを示しています。4人の部下が、たまたま全員、極めて堅実な性格である可能性がないとはいえません。しかしながら、そうでないとすれば、別の原因を考えておくことも必要です。

　ここで、部下たちの発言に注目すると、次のような裏の意味合いを読み取ることができます。すなわち、「藤井さん以外のマネジャーは、チャレンジを奨励しない」「ミスや失敗は、責められるべきことだ」「リスクを取ってチャレンジしても、称賛されることはない」「ここでは減点主義が根づいている」などです。

このように考えると、藤井さんの転職先では、どうやら「ミスや失敗は悪であり、ミスや失敗がないことが、何よりも重要である」という価値観が、社員の中で広く共有されていると考えられます。こうした組織内のメンバーの大半が「大切だと思っているもの」が、いわゆる組織文化と呼ばれるものです。

誰かの指示や命令がなくても、こうした組織文化の存在は、メンバーの行動に影響を与え、その行動を規定します。すなわち、「ミスや失敗は悪であり、ミスや失敗がないことが、何よりも重要である」という価値観を共有する組織では、メンバーは、誰かが何かを言わなくても、「自らがミスや失敗を犯さないよう、できるだけ上司に指示を仰ぎ、自らリスクを取ることを避ける」行動をとります。こうした組織では、社員のチャレンジ精神は抑制され、チャレンジングな仕事を通じた人材育成は、進みにくくなります。

人材育成の原理原則で触れたとおり、人材育成において、チャレンジを伴う仕事は、本人にとって、大きな学習機会です。したがって、藤井さんの職場のように、強固な減点主義とリスク回避を重んじる組織文化は、人が育つメカニズムを妨げる要因になります。逆に、チャレンジと経験からの学習を重んじる組織文化を築くことができれば、上司の取り組みの大きさに関わらず、ある程度、人材が育ちやすい環境が生まれることになります。

「見えない力」可視化のステップ

このように考えると、直接目に見えない組織文化の特徴を意識し、可視化することは、人材育成を促す組織環境を築く上で、見落としてはならない点であることが理解できます。

では、「見えない力」を可視化するには、どうすればよいのでしょうか。目に見えないものを直接扱うことは難しいため、まずは、組織メンバーに共通して見られる行動の特徴を抽出します。次に、なぜそうした行動パタ

図6-2 「見えない力」を可視化する

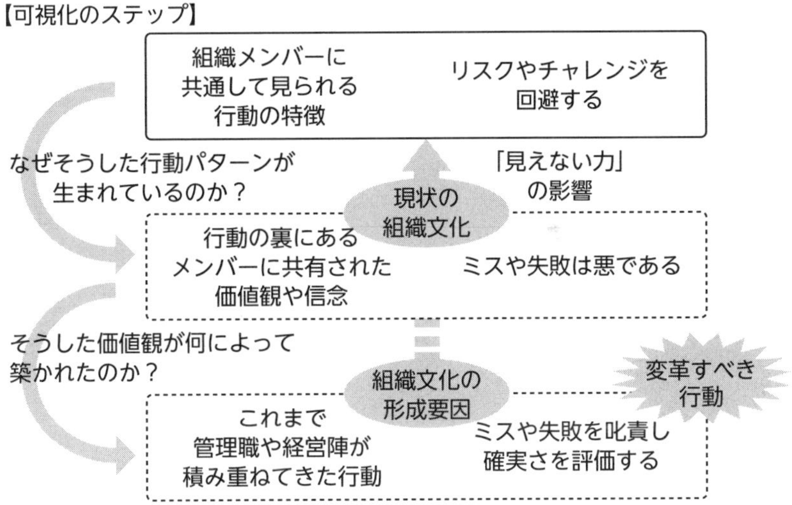

【可視化のステップ】

組織メンバーに共通して見られる行動の特徴		リスクやチャレンジを回避する

なぜそうした行動パターンが生まれているのか？　　　　　　　　　　「見えない力」の影響

現状の組織文化

行動の裏にあるメンバーに共有された価値観や信念		ミスや失敗は悪である

そうした価値観が何によって築かれたのか？

組織文化の形成要因　　　　　　　　　　　変革すべき行動

これまで管理職や経営陣が積み重ねてきた行動		ミスや失敗を叱責し確実さを評価する

ーンが生まれているのか、行動の裏にあるメンバーに共有された価値観や信念が何かを考えます。最後に、そうした価値観が何によって築かれたのか、組織で共有される価値観を形成するもととなる要因、すなわち、過去から今日に至るまでにマネジャーや経営幹部が、マネジメントを行う中で積み重ねてきた行動を振り返ります（図6-2）。

　先の例でいえば、まず、藤井さんの部下に共通する行動上の特徴、すなわち、リスクやチャレンジを回避し、着実堅実に仕事を行おうとする共通の行動パターンに注目します。次に、なぜ着実堅実な行動をとるのか、こうした行動の裏にある「ミスや失敗は悪である」といった価値観を探り出します。最後に、これらの価値観は、これまでマネジャーや経営幹部のどのような行動が形作ったのか、振り返ります。ここでは、ミスや失敗を叱責し、確実さを評価するといったマネジメントにおける行動の積み重ねが、「ミスや失敗は悪である」という共通の価値観を生み出したと考えられます。

「見えない力」を変革する

　こうした組織文化は、いったん形成されると、1人のマネジャーの力によって変えることは、容易ではありません。また、仮に複数のマネジャーや経営幹部が変えようとしても、これまでの組織文化に慣れ親しんだメンバーは、変化に抵抗しようとします。また、こうした変化への抵抗が起こると、変化に前向きな潜在的なメンバーも、組織全体の雰囲気を嗅ぎ取り、いわゆる組織圧力に屈して、沈黙を保つ可能性が高まります。

　しかしながら、組織文化が、経営幹部や管理職による日々の行動の積み重ねで築かれるものだとすれば、すでに出来上がった文化を、別の新たな文化に作り変えていくのも、経営幹部と管理職の行動の積み重ねに他なりません。だとすれば、人材育成に影響を与える「見えない力」を可視化し、育成を阻害する組織文化を把握し、それを形作ってきたマネジメントの行動を特定するのも、そこから一歩進んで、問題となる組織文化を変えるべく、自ら新たなマネジメント行動を取り入れていくのも、経営幹部および管理職の重要な責務だといえます。

　藤井さんに対する部下たちのコメントからは、この会社では、現状のリスク回避の組織文化によって、藤井さんの部下だけでなく、他の部署でも、部下の成長が阻害されていることが読み取れます。だとすれば、藤井さんは、上司として部下に対する直接的な育成の取り組みを進めるだけでは、育成責任を果たしているとはいえません。組織文化を変えなければ部下の成長が見込めないという危機感を広げ、同時に、組織文化の変革によって実現できる人材育成の明るい展望を示すなど、他の管理職や経営幹部に対する働きかけを行うことが必要です。また、経営幹部であれば、こうした人材育成に関わる組織上の課題を主体的に認識し、組織文化の変革への取り組みを主導することが、強く求められます。

2. 視点⑧：「組織のしくみ」をとらえなおす

「組織のしくみ」とは

組織文化という「見えない力」とともに、人材育成をめぐる上司と部下の行動に大きな影響を与えるもう1つの要素が「組織のしくみ」です。ここでいう「組織のしくみ」とは、人事制度に代表される組織上の制度、規定、ルール、あるいは、組織図に示される組織体制などをさしています。こうした「組織のしくみ」は、組織文化と同様、組織メンバーの行動に影響を与え、その行動を規定します。

「組織のしくみ」は、通常目に見える形で文書化されているため、組織文化に比べ、その認識は容易です。しかしながら、文書化されているがために、その分、形式的な認識に陥りやすく、しくみの本来の目的から乖離し、誤った運用がなされ、あるいは、形骸化しがちです。その結果、もともと「組織のしくみ」が意図したものとは異なる影響を、組織メンバーに及ぼしてしまうことが多々あります。

このような状況は、人材育成に関しても生じます。すなわち、人材育成を促すはずのしくみが、ねらいどおり機能しない、あるいは、人材育成に関わる行動を阻害するなど、本来の意図とは異なる影響を与えてしまうのです。

このような状況を踏まえ、ここでは、「組織のしくみ」の意味合いについて、複数の角度からとらえなおし、こうしたしくみを有効に機能させるための見方について、考えていきます。

「人事制度のせいで、何かと仕事が滞ります」

課長の岡本さんは、人事部から通知文が送られてくる度に「また、部署の仕事が滞ってしまう」と、暗い気持ちになります。こうした状況につい

て、岡本さんは、以下のように語ります。

「人事部からの依頼は、いずれも会社の人事制度に沿って行われるものなので、無視するわけにはいきません。しかしながら、こうした人事制度への対応によって、自分もメンバーも本来行うべき仕事の時間が削られてしまい、何かと仕事が滞ってしまうのが、職場の現実です。結局、一番しわ寄せを受けるのは、現場の課長である我々だと思わざるを得ません。

先日も、月末の忙しい時期だというのに、人事部主催の新任昇格者研修への参加で、部下の1人が丸3日もいなかったため、残された部下は、その分をカバーするのに、てんてこ舞いでした。人材育成のために研修が必要なことは理解できますが、社内研修の多くは、今の仕事に直接役立つ内容が乏しく、大変な思いをして部下を参加させても、全くメリットが感じられません。

また、人事評価の時期になると、実際の評価に加え、部下に対する評価面談のために、膨大な時間が奪われます。人事評価の結果は、その人の処遇にリンクするので、手を抜きたくても、いい加減な対応はできません。一方で、本人が期待する評価でなければ、どのみち100%部下を納得させることはできないので、評価面談に時間を割くのは無駄だと感じます。

もちろん、部下の育成が大切なことは理解しているので、日々の業務の中で、必要な指導と育成は行うように心がけています。しかしながら、限られた時間の中で、こうした人事がらみの対応で時間が奪われてしまうと、残る時間については、期限の迫った仕事を優先せざるを得なくなり、ますます部下育成の時間が、取れなくなります。

一方で、せっかくエネルギーを費やして部下を育てても、上層部の判断でその人が他部署に異動してしまえば、自分の努力は報われません。岡本さんの部長は、『自分の部下が異動しても、異動先で活躍すれば、会社全体のメリットになるのだから、部下の育成に手を抜いてはいけない』と正論を吐きますが、優秀と目される人材であればある程、部内での異動に止まっている現実を見ると、部長の発言は建前に過ぎないと思わざるを得ま

せん。

　そもそも、人事部からの依頼は、各職場が受けざるを得ないのに、各職場から人事部に対する依頼が実現することは、めったにありません。こうした現実を見ると、どうしても理不尽さを感じざるを得ません」。

育成ツールとしての人事制度

　人事制度は、全社的な視点から、重要な経営資源の１つである人材の有効活用を目的として、設定されています。当然のことながら、その中には、長期的な視点に立った人材育成の推進も含まれます。

　一方で、各企業の現状を見ると、本来の目的に沿って、人事制度が適切に機能し、効果的な人材の確保育成に結びついているとは、必ずしも言えません。むしろ、岡本さんの例に見られるように、各職場では、会社で定められたさまざまな制度が、本来の目的から離れて理解され、誤った運用がなされるケースが数多く見受けられます。仮に、このような状態を放置すると、本来人材育成を促すはずの制度が、逆に育成を妨げる結果になりかねません。

　例えば、岡本さんは、今の仕事に直接役立たないからという理由で、研修に対して、否定的です。しかしながら、研修の目的は、職場で今すぐ役立つことを学ぶことだけではありません。全社的かつ長期的な視点から必要とされるものを習得する機会でもあります。例えば、いわゆる業務研修と呼ばれるような、実際の業務に直接関わる知識やスキルを学ぶことを目的としたものがある一方で、昇進昇格時の研修、あるいは、将来の幹部候補者研修のように、新たな役割に必要なマインドセットの養成、あるいは、長期の視点から将来必要となる知識やスキルの習得をねらいとしたものがあるなど、その目的はさまざまです。したがって、短期的かつ現職に役立つという視点からだけでとらえると、その研修の本来的な意味を見落してしまいます。

　また、上司から部下に対して「研修に参加しても、あまり意味はない。

むしろ時間の無駄だ」といった見方が伝わると、研修に対する部下の姿勢も後ろ向きになります。その結果、部下は、前向きに研修に参加すれば本来吸収できたはずのものが、得られないまま終わってしまうことになりかねません。

　人事評価についても、同様のことが言えます。岡本さんは、評価制度を、仕事への対価としての報酬など、本人の処遇決定のためのものとしてとらえています。しかしながら、評価制度は、処遇決定の基礎であるだけでなく、メンバーのモチベーションを高め、同時に、メンバーの育成を促すための強力なツールでもあります。したがって、評価のプロセスを通じて、今後の部下の育成上の課題を特定し、評価面談では、こうした課題についての本人の認識を促し、本人の成長につなげていくことが重要です。だとすれば、もったいないことに、評価面談を無駄な時間と考えることは、評価制度を通じた人材育成の貴重な機会を、自ら放棄していることになります。

　人事異動については、岡本さんだけでなく、岡本さんの上司である部長も、新たなチャレンジを通じた成長機会としての人事異動という視点を、見落としています。部長の正論に示されるように、人材育成を全社的な視点から適材適所実現の機会ととらえる必要があることは、言うまでもありません。同時に、人事異動そのものを、新たな経験を通じた貴重な育成機会として活用するという視点も、忘れてはなりません。だとすれば、将来の期待がかかる優秀な人材であればあるほど、殻を破るような成長のためのチャレンジ機会として、部門横断を含む大胆な人事異動を通じた育成を考えていくことが重要です。

　もちろん、現場の部長や課長の立場になれば、現実には、優秀な人材ほど囲い込みたいと考えるのも、心情的には理解できます。その意味では、部長や課長の上に立つ経営幹部は、こうした実態を踏まえ、上司に部下育成における成果を求めるなど、全社的な人材育成の推進役としての役割を果たさなければなりません。同時に、こうした経営の強い意志をベースと

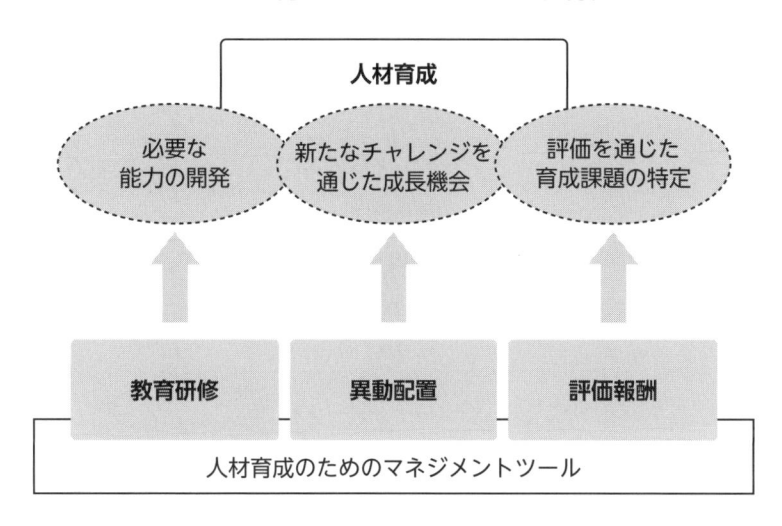

図6-3　育成ツールとしての人事制度

して、全社的な立場から各種制度の構築と導入を行い、目的に沿った運用を推進する役割を負っているのが、人事部門であるとみることができます。

　一方、本来管理職には、全社的かつ長期的な視点から、物事を考え判断し行動することが求められます。したがって、課長や部長が、人事制度をはじめとする組織のしくみについて、企業経営における本来の目的を理解し、適切に運用することは、重要な責務の1つです。同時に、人事制度を中心とした組織のしくみの意味合いをとらえ直し、その意図を十分に汲むことができれば、これらのしくみを人材育成のための強力なマネジメントツールとして活用することができてきます（図6-3）。

3. 視点⑨:「組織を取り巻く変化」を押さえる

なぜ「組織を取り巻く変化」を見るのか

ここまで、人材育成をめぐる上司と部下の行動に大きな影響を与える重

図6-4　外部環境が与える影響

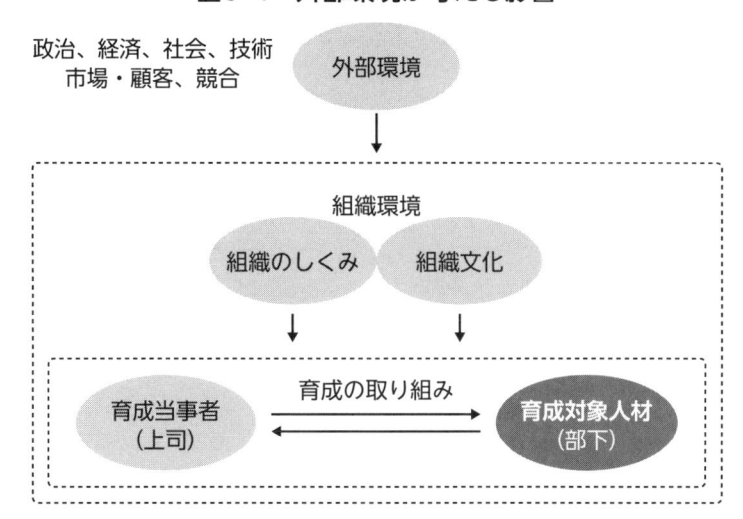

要な要素として、組織文化と組織のしくみについて、考えてきました。これら2つの要素は、組織内部の環境を形作り、組織メンバーの行動を規定します。したがって、人が育つ組織環境を築くためには、これらが人材育成の取り組みに及ぼす影響について理解しておくことが欠かせません。

　一方で、こうした組織環境は、組織を取り巻く外部環境の影響を受けます。したがって、組織環境を正しく把握するためには、もう一段視点を広げ、組織環境に対して影響を及ぼす外部環境についても、考えておく必要があります。これら外部環境は、組織環境に影響を与え、組織環境は上司と部下の行動に影響を与えます。要するに、外部環境は間接的に上司と部下の育成に関わってくるのです。とりわけ、環境変化の激しい現代においては、外部環境の変化がもたらす影響を押さえておくことが重要です（図6-4）。

　このような認識に基づき、ここでは、「組織を取り巻く外部環境」が、組織環境、並びに、上司と部下の行動に与える影響を考える際に、押さえておくべきポイントについて、考えていきます。

「無理難題が降ってくる中で、育成なんて無茶な話です」

マネジャーの藤原さんは、若いころ、管理職は大きな権限を持ってやりたい仕事ができる魅力的な職位だと考えていました。しかしながら、時代とともに管理職の魅力は薄れ、最近では、むしろ大変さばかりが目立つ魅力のないものになってしまったと感じています。

藤原さん曰く、「昔の管理職は、どっしりと机に向かい、部下からの報告や相談に、威厳を持って対応していました。しかしながら、今の自分はマネジャーでありながらプレイヤーとして動かざるを得ない部分も多く、これから先の戦略を考えたり、じっくり部下の指導を行ったりする余裕は、全くありません。一方で、結果に対する責任だけは、厳しく問われます。

特に悩ましいのが、上から示される数値目標です。年度が変わる度に、非現実的な数字が一方的に降りてきて、交渉の余地はありません。また、日常の業務でも、関係部署から何かとイレギュラーな対応が求められ、日々、目の前の仕事に追われる毎日です。さらに最近では、コンプライアンスに関わる規則が細かく定められ、煩雑な手続きばかりが増えることで、仕事の自由度は狭まる一方です。にもかかわらず、上層部からは、途切れることなく、さまざまな無理難題が降ってきて、息をつく暇もない状態です。

部長からは、マネジャーなのだから、もっと部下の育成に力を入れるように言われていますが、正直、こんな状況で育成なんて、無茶な話です」。

なぜ、上から無理難題が降ってくるのか

藤原さんの語る職場の現実は、今日、管理職が置かれている状況を、多かれ少なかれ、象徴的に示しています。職場における短期成果創出への圧力は格段に増し、突発的な要求が頻繁に起こり、計画通り物事が進まない状況が、日常化しています。

第Ⅵ章
「構造」を多面的に考える

このような現実を前にすると、マネジャーとしては、無理難題を押し付けてくる経営幹部に対して、不満を抱きがちです。しかしながら、経営幹部の立場からすれば、何も自分たちが好き好んでマネジャーに厳しい要求を行っているわけではありません。むしろ、経営を担う責任を持つ以上、顧客や株主からの要請に応え、会社が生き残っていくために、やむを得ず行っているものであることがわかります。

　第Ⅰ章で述べた通り、グローバル化に伴い企業間の競争は激しくなり、企業に対する株主からの短期的な成果創出の圧力は強さを増しています。また、顧客のニーズは多様化し、想定外の要求が求められる場面が増加しています。さらに、VUCA という言葉に象徴されるように、企業を取り巻く環境は、不安定さ（Volatility）、不確実性（Uncertainty）、複雑さ（Complexity）、曖昧さ（Ambiguity）を増し、過去の延長線上で将来を予測することが、益々困難な時代となっています。

　こうした企業を取り巻く外部環境の変化は、経営幹部の行動と組織内部の環境に影響を与え、組織環境の変化は、職場のマネジャーの行動に影響を与えます。上述の例では、株主や顧客への対応の必要性から、経営幹部は厳しい目標設定を行い、組織環境は短期成果を重視する傾向を強めています。また、こうした組織環境は、マネジャーに、短期的かつ仕事優先の行動を促しています。結果、マネジャーは、人材育成への取り組みを放棄しはじめています。

　このように、外部環境の変化は、職場の上司の行動に間接的に影響し、しばしば、人材育成を阻害します。したがって、人材育成の有効性を左右する間接的な要因として、組織を取り巻く外部環境を押さえることは、直面する育成課題の原因を構造的に理解し、適切な対応を考える上で、欠かせないものです。

組織を取り巻く外部環境のとらえ方

　では、組織を取り巻く外部環境は、どのようにとらえて行けばよいので

しょうか。ここで、外部環境の全体像を把握するためのフレームワークとして、マクロ環境を押さえるための PEST、ならびに、事業環境を押さえるための 3C を活用することは有益です。

　PEST とは、政治（Politics）、経済（Economy）、社会（Society）、技術（Technology）、3C とは、市場・顧客（Customer）、競合（Competitor）、自社（Company）の頭文字をとったものです。ここで大切なことは、これらの要素の変化を見極めるとともに、そうした変化の中で、どの変化が、どのような影響を、自社の組織環境に与えるか、相互の関係を考えていくことです。

　例えば、政治の分野でいえば、労働関連法規の動きは、組織の中で従業員に働いてもらうために定めた社内制度や規定の在り方に大きな影響を与えます。また、経済のグローバル化は、事業の海外展開、ならびに、社員の多国籍化を促し、組織文化の変容を迫ります。社会における人口構成の変化、とりわけ日本についていえば、少子高齢化の進展は、労働力人口の構成を大きく変え、過去の前提を踏襲した人事制度の限界を露呈させます。また、社会的価値観の変化は、上述の労働関連法規の改訂を促すと同時に、働く人々が共有する価値観としての組織文化にも影響を与えます。あるいは、情報通信技術の進歩は、時間や場所の制約を取り払い、組織内での人々の働き方に、大きな変化をもたらします。

　このように、外部環境の変化は、組織環境に対して、さまざまな影響を及ぼします。したがって、外部環境のマクロな変化を押さえることは、組織内のミクロな変化の背景を理解し、人材育成に関わる各要素の全体像を構造的に理解する上で、不可欠です。

外部環境の変化〜量的変化と質的変化

　ここで、変化を見るときの視点として押さえておきたいのが、変化の前と後を対比して考えることです。変化とは、何かが変わることだとすれば、変化は、変わる前の状態と、変わった後の状態の 2 つに分けて考えるこ

「構造」を多面的に考える

とができます。したがって、変化を見るときには、単純に〇〇化ととらえるよりも、「××の状態から、〇〇の状態へ」と比較してとらえたほうが、より的確に変化の実態を抑えることができます。例えば、単に従業員の多国籍化というよりも、変化の前後の具体的な国籍をあげたほうが、より明確に変化の中身を認識できます。

　また、変化の前後の状態を比較する際、その変化が量的なものなのか、質的なものなのか、区別して考えることも有効です。量的な変化であれば、ある一定方向への流れ（トレンドや趨勢）としての連続的変化であり、質的な変化であれば、これまでの流れが大きく変わる不連続な変化と見なすことができます。そうすることで、変化に対する対応も、緩やかな改善にとどまるのか、大胆な改革が必要なのか、より適切な判断を行うことができます（図6-5）。

　組織を取り巻く外部環境についても、こうした2つの切り口から変化をとらえることは、組織環境への影響を考えるうえで、効果的です。例えば、日本国内において、少子高齢化の進展に伴い、労働力人口が減少していくという流れは、以前からすでに発生し、今後もしばらくは続いていく

図6-5　変化のとらえ方

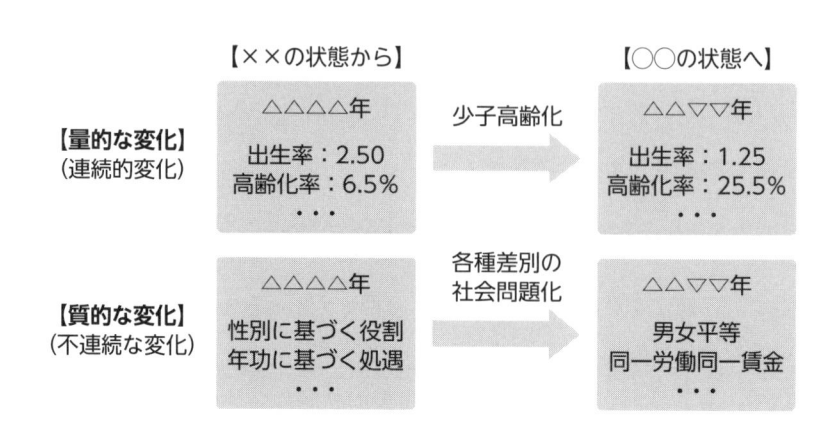

連続的な変化です。一方で、性別や性的志向（LGBT）をめぐる差別や雇用形態（いわゆる正規・非正規）による処遇格差が、社会的問題として認識されるようになったのは、これまでとは異なる社会的価値観が生まれてきたためで、これらは不連続な変化と見ることができます。もちろん、こうした新たな変化が、今後拡大継続していけば、これから先の時間軸の中では、連続的な量の変化としてとらえられます。

不連続な変化の連鎖を考える

ここで重要なことは、すでに起こっている連続的な変化は認識されやすく、対応もなされやすい。一方で、新たに生じた不連続な変化は、一定の時間が経過し、連続的変化（1つのトレンドや趨勢）となるまでは見過ごされやすく、対応が遅れてしまう傾向があるということです。そうなると、不連続な変化が組織環境に与える影響に対し、早い段階で適切な対応を行うことが、できなくなります。

例えば、同一労働同一賃金という考え方は、日本においては、話題になりはじめて日が浅く、その意味では、不連続な変化ととらえることができます。しかしながら、こうしたこれまでとは異なる考え方に対して、現時点では、変化を先取りした対応を行う企業は多くありません。しかしながら、この新たな変化が拡大し、法的あるいは社会的な強制力が生まれてくれば、企業はそれに従うことが求められます。そうなれば、雇用形態による処遇格差の是正が本格化し、あるいは、これまでの年功的な賃金体系そのものを、見直す必要さえ出てきます。その結果、働く側も正規の雇用にこだわらない人が増え、転職の壁も低くなり、労働市場の流動化が一気に進むかもしれません。このことは、日本企業の多くが長年にわたり維持してきたいわゆる終身雇用と年功序列を基本とした人事制度体系を根本から覆す変化になり得ることを示唆しています。そうなると、これまでの人事制度を前提に、長期間じっくり時間をかけて同質的な人材を育成するといった人材育成の考え方も、根本的に見直さざるを得ません。

もちろん、これまでの雇用慣行を前提とした現状の労働法規制、税制、社会保険制度などが続けば、こうした変化が一朝一夕に起こることはないかもしれません。しかしながら、逆に見れば、社会的価値観の変化に勢いが増し、一旦、法律や社会制度の改正が進めば、これらの変化は一気に加速されることになります。

　こうした変化が、実際に、どのタイミングで、どの程度起こり得るかということは、人材育成の範囲を超える大きなテーマであり、ここで示したいことは、そのこと自体を明らかにすることではありません。むしろ、ここで押さえておきたいことは、上述の変化に限らず、組織を取り巻く新しいマクロな変化を早い段階で察知し、それが組織環境と職場の人材育成に与える影響の連鎖をダイナミックにとらえ、そうした変化が本格的に動き出す前に、企業としての対応策を検討しておくことです。一言でいえば、リアクティブに動くか、プロアクティブに動くかが、変化への対応の成否を決定づけるということです。

できることと、できないことを峻別する

　ここまでの考察で、組織を取り巻く外部環境を押さえることの重要性を示してきました。しかしながら、実際に人材を育成する立場に立つと、外部環境を直接コントロールできない以上、環境変化が、組織環境および人材育成に与える影響に対し、どう対処したらよいのかという疑問が残ります。

　ここで藤原さんの事例に戻ると、藤原さんは、株主の短期成果創出への圧力を封じ、あるいは、顧客の多岐にわたる要請を安易に跳ねのけることはできません。それどころか、こうした外部環境を背景とした経営幹部からの無理難題ですら、可能な限り対応せざるを得ない状況にあります。

　しかしながら、藤原さんの立場であっても、外部環境や組織環境との関係の中で、自分が現在置かれている状況を理解することができれば、ただ単に自らの境遇を悲観し、他責に走って経営幹部を批判することは、避け

ることができます。また、外部環境、組織環境、および、上司と部下の関係について、構造的に理解することができれば、これらの要素に関して、自ら手を打てることと、そうでないことを峻別することが、可能になります。

　藤原さんは、外部環境をコントロールすることはできませんが、上から降りてくる数字については、その妥当性について、上司と意見を交わすことはできます。また、仮に数字を変えることができなくとも、その数字が出てきた背景や理由については、少なくとも理解し、部下に嚙み砕いて伝えることは可能です。あるいは、関係者からのイレギュラーな対応の要請に対し、マネジャーとして、その背景を理解することはできます。また、そこから原因を突き止めることができれば、同様の例外的な要請を防ぐための対策を打つことができるかもしれません。

　一方、経営幹部の立場であれば、厳しい株主や顧客の要求に直面する中でも、職場のマネジャーに対して、より具体的に目標数字の背景を伝えることは可能です。また、マネジャーから職場の現実を聞き取り、より妥当な目標の配分や設定を工夫し、あるいは、目標数値達成に向けての戦略策定への支援を行うことは可能です。あるいは、新たな環境変化をチャンスととらえ、変化を先取りし、これまでできなかった大胆な人事制度や働き方の改革の機会にすることも考えられます。

　このように、おのおのの立場における努力の積み重ねによって、若干であっても、組織環境を整え、人材育成に割く時間を創出することは、不可能ではありません。理不尽と思われる状況の中でも、自分ができることとできないことを見極め、小さなことでも自らができることに最大限取り組むことは、自分の外部に全ての原因を求め、こうした努力を放棄する場合と比べれば、大きな違いを生み出します。

　取り巻く外部環境が厳しければ、どこの企業においても、多かれ少なかれ、藤原さんと同様の現実に直面せざるを得ません。そうした中で、少しでも自らできることを見つけ、人材育成の取り組みを進めるか否かによっ

て、企業間における人材育成力には、確実に差異が生まれるのです。

要 点

- 人材育成をめぐる上司と部下の行動には直接目に「見えない力」として、組織文化が大きな影響を与えている。こうした組織文化を把握するためには、以下の3つのステップにより、「見えない力」を可視化することが役に立つ。第1に、組織メンバーの目に見える共通の行動パターンを抽出すること。第2に、そうした行動パターンの裏にある共有された価値観や信念を特定すること。第3に、そうした価値観を形作ってきたマネジメントの行動を振り返ることである。
- 「組織のしくみ」は、目に見えるため認識はしやすいが、その本来の目的から離れ、誤った運用に陥りやすい。結果、本来のねらいとは異なる影響を組織メンバーに与えてしまうことになりかねない。そうした状況を避けるためには、組織のしくみの意味合いをとらえなおし、その本来の意図を理解したうえで、人材育成を促すマネジメントツールとして、組織のしくみを活用することが重要だ。
- 組織を取り巻く外部環境は、組織環境に影響を与え、組織環境は上司と部下の行動に影響を与える。したがって、組織を取り巻く外部環境の変化を押さえ、その影響を予測し、変化を先取りした対応を行うことは、企業の人材育成力を維持発展させる上で欠かせない。

自分への問いかけ

- □私の職場には、どのような見えない力が潜んでいるだろうか。また、そうした力は、人材育成に、どのような影響を及ぼしているだろうか。
- □私は、組織のしくみを、どのように理解しているだろうか。また、そうしたしくみを人材育成において、どのように活用しているだろうか。
- □会社を取り巻く外部環境には、どのような変化があるだろうか。また、そうした変化は、どのような変化を会社組織にもたらしていくだろうか。

多面思考力を鍛える
エクササイズ

多面思考を活用して、人材育成を考える

　第Ⅳ章から第Ⅵ章まで、「人材」「関係」「構造」という３つのポイント
に関し、おのおの多面的に考えるための９つの視点について、述べてきま
した。そこで、最後に第Ⅶ章では、具体的な人材育成に関するケースを題
材に、これらの視点を活用し、多面思考力を鍛えるエクササイズに取り組
みましょう。

　ここで取り上げる事例は、いずれも、働く人材が多様化する中、上司が
しばしば直面する部下の人材育成上の課題を描いています。おのおののケ
ースを読んだら、まずは、「本人の育成を促すために、なぜ、どのような
対応や指導を行うか」、自分が上司になったつもりで考え、その上で、自
分の考え方と対比しながら、ケースに関する解説を読み進めてください。

　その際に重要なことは、自分の考えと解説の内容とが合致しているか否
か、ということそのものではありません。ここでの解説は、おのおののケ
ースに種々の前提を置きながら、さまざまな角度から人材育成について考
えるためのプロセスを提示しています。したがって、前提の置き方を変え
れば、解説とは異なる考え方もでてきます。

　むしろ、ここで大切なことは、「自分自身が、どのような前提のもとに、
いかなる視点を持って、どう部下の状況をとらえ、どのように考えたか」、
自分自身の思考の枠組みやプロセスを振り返り、自分が見落としていた点
を理解すること。その上で、「なぜそうした見落としが生まれたのか。ま
た、そうした見落としを避け、多面的に物事を考えるためには、どのよう
な点に留意すればよいか」、自分の物の見方や考え方に関する気づきを得
て、その気づきを次の思考に活かすことです。こうした思考の実践と振り
返りのサイクルを回すことができれば、確実に多面思考力を強化していく
ことができます。

ケース：「現状維持で上昇志向の見られない部下」の育成を考える

松田さんは、担当する業務について、知識も経験も豊富で、上司の金子さんは、本人の現職での能力には大きな信頼をおいています。また、松田さんはまじめで几帳面な性格で、指示したことはしっかり対応してくれるので、安心して仕事を任せることができます。実際、金子さんの知る限り、これまで仕事で大きな問題をおこしたことはなく、現担当業務の遂行については、合格点だと思っています。また、自己完結的な仕事をひとりで行うことは得意で、与えられた業務は、集中力を持って黙々とこなします。

一方で、今後の本人の成長を考えると、積極性に欠け、上昇志向が見られないところが、気に懸かります。例えば、担当業務に関する意見を求めても、本人から自分の考えが示されることは、ほとんどありません。先日も、ある案件について、松田さん自身の意見を聞いてみましたが、「部の方針で決まったことなので、特に意見はありません」といった返答がかえってきました。また、他のメンバーと情報を共有し、互いに協力しながら仕事を進めることは、得意ではありません。この間も、「この件は、他のメンバーにも意見を聞いたうえで進めてほしい」と伝えた案件について、形式的に席が近い同僚と少し話を交わすだけで、あとは自分だけでまとめてしまいました。

これまでの会社の慣習に従えば、まもなく30歳になる松田さんは、そろそろチームリーダーや係長に昇進しても、不思議ではない年齢にさしかかります。しかしながら、今の状態では、昇進に必要な力量は、明らかに不足しています。したがって、このまま成長が見られなければ、現在の担当業務を続けてもらわざるを得ません。金子さんは、評価面談をはじめ、機会あるごとに、こうした見解を松田さんに伝えていますが、本人からは、決まって「昇進しなくても、今の仕事が続けられれば十分です」とのコメントが返ってきます。

こうした状況の中、金子さんは、松田さんの育成に関して、どのように考え、取り組んでいったらよいのでしょうか。

問いを立てるＡ：上司の前提とは

　一昔前まで、いわゆる総合職と呼ばれる人々の間では、会社に入った以上、順調な昇進昇格を経て、将来的には管理職、あるいは、さらに上の経営幹部になることが、目指すべき当然の事柄だと考えられていました。しかしながら、近年では、昇進昇格への執着は弱まり、上昇志向を持たず、あるいは、逆に管理職にはなりたくないという社員も、めずらしくありません。松田さんも、管理職どころか、係長やチームリーダーに昇進しなくても、今の仕事が続けられれば十分だと発言しています。

　これに対し、金子さんは、松田さんが年齢的にチームリーダーや係長への昇進の時期に差し掛かっていることから、松田さんの今後について懸念を示しています。しかしながら、そもそもこうした金子さんの考え方は、適切といえるのか。まずは、多面的に松田さんについて考えるのであれば、金子さん自身、こうした自分の見方を振り返ることから、はじめる必要があります。［視点①：「自分の見方」を俯瞰する］

　ここで、金子さんの頭の中には、どのような前提があるのでしょう。金子さんは、無意識のうちに「年齢と業務経験年数に従い、係長やチームリーダーに昇進すべきである」という前提で、松田さんの今後の育成を考えています。しかしながら、こうした考え方は、この前提を共有している部下に限って、有効性を持つものです。逆に、この前提を共有しない部下からみれば、違和感のある考え方以外の何物でもありません。さらにいえば、こうした前提を是として考えることは、「人生においては、仕事上の地位やお金よりも、充実した私生活を過ごすことを重視したい」といった異なる価値観を、否定することにつながります。

　こうした金子さんの見方の偏りは、大きく枠を広げて、異なる他者が部下育成に関して持っている前提と比較すると、はっきりします。例えば、

海外企業に勤めるマネジャー、あるいは、日本企業であっても、海外法人で働くマネジャーと話をすれば、「年齢と業務経験年数に連動した昇進」という前提は成り立たず、部下1人ひとりの能力と意欲、さらには、人生観やキャリアの考え方を踏まえて、おのおのの部下ごとに、育成の基本方針を考える必要があることが、容易に理解できます。[視点②：「他者の見方」を取り入れる]

問いを立てるB：部下の本心とは

一方で、松田さんのコメントを鵜呑みにし、単純に個人の価値観の違いとして、安易に受け入れてしまうことにも問題があります。松田さんが昇進しなくてもよいと考えている理由が、本当に自分自身の価値観に基づいているものであり、自らの意志を持って昇進なしの人生を選択するのであれば、働く人の多様性を受け入れるという観点からは、その選択を尊重してあげるべきです。しかしながら、潜在的には昇進の欲求があるにもかかわらず、たまたま何らかの要因から、このような言い訳をしている可能性があることも、考えておく必要があります。

例えば、松田さんは、単に楽で居心地がよいからという理由で、今の仕事に安住したいだけかもしれません。[視点③：「人材の本質」を掘り下げる]

あるいは、自己主張や議論が苦手なため、他者との軋轢を恐れて、現在の自己完結的な仕事のやり方に固執しているのかもしれません。また、子育てや介護、あるいは、自身の健康状態など、たまたまこのタイミングで仕事の負荷を増やすことを避けたい個人的な事情があり、このような言い方をしているだけかもしれません。[視点⑤：「相手の主観」を理解する]

いずれにせよ、こうした個別の状況を考えることなく、単純に本人の言葉を受け入れてしまうことは、本人の成長の可能性をつぶすことになり得ます。一方で、長期的視点から本人のキャリアについての話し合いを行い、あるいは、本人が苦手とするスキルを磨く機会を提供することで、本人の

育成を促すことができるかもしれません。また、事情によっては、このタイミングで本人の上昇志向がなくとも、将来的に考え方が変わる可能性を、留保しておくことが必要かもしれません。要するに、ここで重要なことは、松田さんの発言が、自分自身の価値観に基づいた本心であるか否か、十分に見極めておくことです。

問いを立てるC：部下の現状維持は何を意味するか

では、仮に、松田さんが、仕事よりも私生活重視の価値観を持ち、昇進を希望しない場合は、松田さんの今後の育成については、考える必要はないのでしょうか。ここでは、2つの点を押さえておく必要があります。

第1は、今後の昇進の有無に関わらず、現職における成果をより高めていくために、松田さんが伸ばすべき点や改善すべき点がないかを考えることです。例えば、自ら主体的に動き、他者と協力しながら、仕事を進める能力を高めることにより、本人がより大きな成果を出せるのであれば、これらは松田さん育成における今後の課題です。だとすれば、上司として金子さんは、この点の改善を促すための取り組みを進める必要があります。

第2は、「今の仕事が続けられれば十分です」という発言の裏にある松田さんの前提を明らかにすることです。この発言からみると、松田さんが、「現状を維持していれば、これから先も現在の担当業務を続けることができる」と考えている可能性があります。しかしながら、今の仕事をこれから先も永久に続けられるという保証はどこにもありません。

例えば、人事制度上、現時点では仕事や雇用が保証されていたとしても、組織を取り巻く外部環境の変化により、組織のしくみが変わり、そうした保証がなくなる可能性は否定できません。また、事業が日々変化する中では、組織内で必要とされる仕事と能力も変化するため、同じ担当業務であっても、仕事のやり方が変わり、求められる知識やスキルは変化していきます。さらにいえば、外部環境の激変により、大きな事業の再編があれば、仕事そのものがなくなってしまう可能性もあるのです。［視点⑨：「組織を

取り巻く外部環境」を押さえる]

　世の中が変化していく中で、単に現状を維持するということは、変化後の時点を基準としてみれば、世の中の進歩に対して自らが退化することを意味します。だとすれば、たとえ松田さんが昇進を希望しないとしても、今後の外部環境の変化に伴う事業や組織の変化を踏まえ、今後必要となる能力の習得という観点から、本人の育成を進めることを忘れてはなりません。

問いを立てるD：尊重すべき価値観とは

　エクササイズ①では、上司から見て上昇志向のない若手の部下の事例を取り上げました。若手社員の育成に関しては、この他にも「すぐに答えを求める、打たれ弱い、会社に来なくなる、平気で定時で帰宅する」といった問題をあげる上司は少なくありません。

　しかしながら、上述のケースで見たように、そもそも部下の問題のとらえ方そのものに、すでに上司の偏った見方が含まれていることは、少なくありません。また、問題への対応についても、一方的に自分の価値基準に沿って指導を行い、それがうまくいかないと、指導そのものを放棄してしまうことが、数多くあります。

　ここで注意すべきは、多様性として尊重すべき個人の違いと、会社の業務遂行上、改善を要する個人の問題を、混同しないようにすることです。そのためには、これまでの自分自身の基準とは異なる行動を部下がとった場合、そのような行動をとった背景や理由を踏まえ、その違いが、尊重すべき個人の価値観に基づくものなのか、それとも、業務上改善を要する考え方に該当するのか、自分のこれまでの判断基準をいったん留保して考えることが大切です。その上で、前者については、自分の考えを押し付けることを避け、部下の異なる考えと行動を尊重すること、後者については、曖昧にすることなく、育成に向けた指導を進めることが重要です。

ケース：「自己主張が強い部下」の育成を考える

　三浦さんの部下の竹内さんは、幼少期から高校までの間、海外で育ちました。そうした背景が関係しているためか、竹内さんは、何事に対しても自分の考えを明確に持つことを重視し、同時に、自信を持ってためらうことなく、自分の考えをはっきりと示します。

　また、竹内さんは積極的な性格で、仕事も自らどんどんこなしていきます。わからないことがあっても、自分で調べて解決していくため、思い切って仕事を任せることができます。したがって、自分ひとりで仕事を進める限りにおいては、竹内さんについて気にかかることはほとんどありません。

　しかしながら、さまざまな関係者と仕事を進める上での人間関係には、大きな懸念があります。例えば、自分の仕事を前に進めるために必要なことは、周囲の人々への影響も気にすることなく、自分の考えを強く主張します。このため、職場では、「自己主張が強すぎる」との評判がたっています。

　また、顧客に対しても、竹内さんは臆することなく自分の考えを主張し、自分のスタイルを貫きます。これに対して、一部の顧客からは「竹内さんは、海外育ちだと聞いているが、日本の商慣習について知らないことが多く、そもそもの礼儀作法がなっていない。自分の主張を述べることが必ずしも悪いとは言わないが、ここは日本なのだから、日本のやり方ができるよう、しっかり指導してもらわなければ困る」といった苦情を受けています。

　このような状況から、三浦さんは、竹内さんに対し「職場のメンバーやお客様に対して、自己主張が強すぎる。もっと相手の立場を考え、お互いに協力しながら、和を重んじて仕事をしてほしい」との指導を行いました。これに対し、竹内さんは、「そもそも自分の考えを伝えなければ、相手を

理解できないし、相手を理解できなければ、互いに協力関係を築くこともできない。むしろ、みなが自分の意見をはっきり述べないことの方が、問題なのではないか」と反論してきました。

　三浦さんは、竹内さんの反論に対して、どのような指導を行い、今後、どのように竹内さんを育てていったらよいのでしょうか。

問いを立てるA：なぜ部下の行動が問題視されるのか

　これまで日本企業では、お互いの気持ちを察し、相手の考えを理解することが、重んじられてきました。実際、曖昧な表現や非言語的コミュニケーションだけで、一定の相互理解がはかられることも、めずらしくありません。極端な場合には、「そんなこと、言わなくてもわかるだろう」と、言葉で説明しなくても、阿吽の呼吸で相手を理解することさえ求められます。逆に、自分の考えを明確に主張することは、しばしば違和感を覚える行為として、互いに控える傾向があります。

　このような状況が成り立ったのは、同質的な人材が集まった組織において、長期の関係性の中で、お互いの文脈や隠れた前提を共有していたからに他なりません。日本社会の１つの特徴と言われる、いわゆるハイコンテキストな文化が、企業組織の中でも、根づいていたからだと言えます。

　三浦さんのケースでは、竹内さんの自己主張の強さが、一部の顧客や職場の同僚から問題視されています。三浦さん自身も、同様の認識を持っていて、竹内さんに対しては、この点を改善するよう指導を行っています。しかしながら、竹内さんは、自己主張しないことの方が問題だと反論します。ここで、仕事を進める際の自己主張や協調に関し、両者の考え方には、根本的な違いがあることが、顕在化しています。

問いを立てるB：上司の判断基準は適切か

　では、三浦さんと竹内さん、どちらの考え方が正しいのでしょうか。日本で生まれ育ち、日本企業で働いてきた人々にとっては、竹内さんの考え

方に違和感を持ち、三浦さんの考え方に賛同する人が多いかもしれません。しかしながら、ここで自分自身が、どこの国で生まれ育ったのかが、分からない状態だと仮定するとどうでしょう。この状態で考えると、職場で自分の主張を明確に述べることを重視すべきか、それとも、相手の考えを察しながら職場の和を重視すべきか、どちらが正しいかを、一概に述べることはできません。[視点④「二者間の関係」を客観視する]

　仮に、自己主張をすることが当たり前の国や社会で生まれ育ったとすれば、職場においても自己主張することは、ごく自然なことになります。[視点⑤：「相手の主観」を理解する]

　逆に、日本で生まれ育った人であれば、自己主張よりも和を重要視する人の方が多いと考えられます。したがって、自分がどちらの立場にあるかわからない状態であれば、一方的に、どちらが正しいと言うことはできません。さらに立場を変えて、三浦さんが、自己主張をすることが当たり前の海外の職場で働くとすれば、逆に、自己主張が足りないとみなされるかもしれません。

　このように考えてくると、自己主張が強いということそのものを問題視すること自体、適切ではないことがわかります。同様に、和を重視することそのものを問題視することも、適切ではありません。なぜならば、自己主張も和の重視も、そのこと自体は、善でも悪でもないからです。

問いを立てるC：何を基準に、何を問題と考えるべきか

　それでは、竹内さんの現在の仕事のやり方については、指導の必要がないのでしょうか。仮に、竹内さんが、今のやり方を続けるとしたら、職場の人間関係は悪化し、円滑に仕事を進めることができなくなります。また、一部の顧客からは、担当者の変更要求、あるいは、最悪の場合、取引の停止といった事態が生まれるかもしれません。さらに、組織上の地位が上がるに従い、社内外の関係者と良好な関係構築の重要性が増していきます。これらを考えると、本人の育成という観点から、何らかの改善が必要なこ

とは明白です。だとすれば、三浦さんとしては、竹内さんに対する指導は欠かせません。

ここで押さえておくべきことは、「自己主張という行為が、善か悪か」ということではなく、「業務を遂行するにあたって、そのやり方が有効に機能するか否か」にあります。要は、自己主張が強いという認識のもととなる竹内さんの行動を明確化したうえで、その行動の妥当性の判断基準を合わせることが重要です。

したがって、三浦さんは、竹内さんの指導に当たって、自己主張という行為そのものを否定し、和を重視すればよいといった単純な指導は、避けねばなりません。代わりに、まずは、職場のメンバーや顧客との個別具体的な状況の中で、竹内さんのどの行為や発言についての指導なのか、見る現実を合わせること、その上で、なぜその行為や発言が問題になるのか、そのやり方が業務遂行において機能するか否かという判断基準（尺度）を合わせること、最後に、これらを相手に伝わるような言葉で伝えることが、必要となります。［視点⑥：「ズレの原因」を分析する］

一方、三浦さんや職場のメンバーの側には、改善すべき点、あるいは、逆に竹内さんを見習うべき点はないでしょうか。ここで、働く人材が多様化する現実を踏まえると、これまでのような文脈や隠れた前提を共有することが難しい場面が増えています。だとすれば、竹内さんのように自分の考えを明確に伝え合うことの必要性は、今後高まっていきます。また、企業間の競争激化により、多様性を活かし、新しいアイデアや創造性を生み出すことが、ますます重要になっています。それゆえ、おのおのが自らの主張を明確に示し、相互理解と建設的な意見の対立を通じて、革新的な考えを創出していくことは、これから企業が生き残っていくためには、必要な条件です。［視点⑨：「組織を取り巻く変化」を押さえる］

したがって、三浦さんは、竹内さんの考え方を一方的に否定するのではなく、そこから生まれる利点を理解し、学ぶべき点を取り入れていくことを忘れてはなりません。そうすれば、竹内さんの育成への取り組みから得

た知見を、他メンバーの育成に活用し、さらには、自部署の成果拡大に役立てていくことができます。

問いを立てるD：グローバルな視点から、何が見えるか

エクササイズ②では、自己主張の強い社員の事例を取り上げました。日本の国内で育った人材についていえば、竹内さんのように自己主張が強いタイプは、少数派かもしれません。しかしながら、今後、海外からの労働力受入が広がり、海外で生まれ育った人材の比率が拡大して行けば、自らの考えを明確に主張する人材の比率は増えていきます。また、事業の海外展開に伴い、海外で働くことを考えると、黙っていてもお互いにわかり合えるといった発想が、通じないことも明らかです。［視点⑨：「組織を取り巻く変化」を押さえる］

ここで改めて認識しておきたいことは、これまで日本国内で当たり前のように行ってきた職場の慣例や慣行には、グローバルな視点に立つと、極めて特殊なものが多く含まれているということです。このため、国内のある一定の条件のもとで適切と見なされてきた指導が、グローバルな状況下では、逆に不適切な行為と判断されることが、しばしば生じます。

したがって、単純に部下のある特定の行動そのものについて、過去の前例に基づき、善い悪いと判断しても、説得力は生まれません。「その行動がどのような状況のもとでなされ、何故に機能するのかしないのか」個別具体的な状況との関係の中で考え、「そこでの目的に対して有効か否か」という基準を明確にして判断したうえで、具体的な指導に落とし込むことが重要です。

エクササイズ③
ケース：「なにごとにおいても理屈っぽい部下」の育成を考える

中野さんの部下の小野さんは、正義感が強く、ものごとを論理的に考え、白黒をはっきりさせないと、なにごとも納得しません。また、プライ

ベートな時間を大切にし、仕事と私生活をはっきり区別した生活スタイル
を好みます。中野さんは、こうした小野さんの特徴は、小野さんならでは
の個性だと思う一方で、職場全体から見ると異質なものにほかならず、そ
れらが仕事を進めるうえでの障害となって、本人の成長の妨げになるので
はないかと、気にかけています。

先日も、社内で進む残業削減への取り組みを受け、課内会議の場で、係
長の田村さんがメンバーに対し、「会社の方針に沿って残業削減を進めな
ければ、我々の部署も人事から目をつけられることになる。一方で、残業
を削減した結果、仕事が滞ってしまっては、元も子もない。みな忙しいと
思うが、やるべきことはやったうえで、コンプライアンスには十分気をつ
けて、各自うまいこと時間の工夫をして、残業時間を目標値内に収めてほ
しい」との説明を行いました。

これに対して、小野さんは、「田村さんの発言は、はっきりいえば、暗
にサービス残業を強要しているだけではないか。そうでなければ、論理的
に成り立たない無理難題を我々に押しつけているだけだ。こうした発言が
あるから、部下は忖度して、不正がなくならないんだ」と反発してきまし
た。

2人のやり取りを見ていた中野さんは、「また小野さんが正論を吐いて、
場が妙な雰囲気になっている」ととっさに考え、「法令順守の意味からも、
決してサービス残業は行わないでほしい。田村さんが伝えたかったことは、
残業削減は容易なことではないが、各人が業務効率化の工夫をすることで、
少しでも残業削減に努めてほしいということだ」という主旨を伝え、その
場を何とか収めました。

また、小野さんは公私の区別を明確にし、プライベートな時間を重視す
ることから、懇親会といった業務時間外の活動には、興味がない限り参加
しません。中野さんが、こうした会があるごとに参加を打診しますが、「な
ぜ、業務時間外なのに、送別会や忘年会に参加しなければならないのでし
ょうか」と反発してきます。

これまで中野さんは、最終的には本人の意思次第であると思いつつも、できれば参加を促したいと考え、「懇親会は、職場の人間関係を円滑にするのに役立つ。また、そうした交流の中から信頼関係が生まれる。あるいは、職場では聞けない本音の話や情報も得られる」など、参加することのメリットについて、小野さんに説いてきました。しかしながら、小野さんは「強制参加だったら、費用は会社持ちで、残業代も出ないとおかしい。自由参加だったら、参加しない理由をあえて聞く必要はないはずだ。あれやこれやと間接的に参加へのプレッシャーをかけてくるのは、やめてほしい」と、その度に切り返してきます。

　このように、小野さんは、何事においても灰色の発言は受け入れず、また、公私をはっきりと分けるので、職場では一部の同僚から、少しばかり浮いた存在と見られています。このため、中野さんの目には、他のメンバーとの関係も、ギクシャクしているのではないかと気懸かりです。

　このような状況を踏まえ、中野さんは、これから先、小野さんに対して、どのように指導を行い、どのように育成していったらよいのでしょうか。

問いを立てるＡ：なぜ部下の小野さんは、会議で反発したのか

　働く人材の多様化に伴い、先の竹内さんのように個人の意見を明確に示すタイプの人のほかにも、小野さんのように、常に論理的に明確な説明を求める人、あるいは、ワークライフバランスを重視する人が増えています。その結果、こうした新たな特徴を持つ部下に関して、どのように指導育成を進めたらよいのか、対応に苦慮する上司が多くみられます。

　小野さんは、正義感が強く、論理的で、曖昧さを認めません。このため、係長の田村さんの発言に対して、曖昧な点を突っ込むとともに、発言の裏には理不尽な隠れた意図があると、不満を述べています。上司としては、こうした部下の意見について、いちいち対応するのは、手間暇がかかって大変だと思う人がいるかもしれません。しかしながら、小野さんの発言に対して、すぐに「正論を吐く」面倒な部下だといった否定的なとらえ

方をすることは、一面的な見方であり、避ける必要があります。［視点①：「自分の見方」を俯瞰する］

　係長の田村さんの発言は、「残業を削減し、かつ、やるべき仕事はやる」よう伝えていますが、「やるべき仕事をやると、残業が避けられない」という現状があるとすれば、田村さんは、現状の問題に対する解決策を、何ら示していないことになります。その意味では、田村さんの発言について、単に無理難題を押しつけているだけだと受け止める人がいても、不思議ではありません。また、「人事から目をつけられる」「うまいこと時間の工夫をして」といった表現は、「見つからないように不正をすることを暗に求めている」ととらえられる危険性があります。こうした点において田村さんの発言には問題があることから、中野さんは、まずは田村さんに対して、会議での説明の仕方について誤解を招く表現は避けるよう指導を行う必要があります。［視点⑥：「ズレの原因」を分析する］

問いを立てるB：会議をめぐる問題の本質は何か

　一方、小野さんに対し、中野さんは、どう対応すべきでしょうか。ここで、仮に小野さんが異論を唱えなければ、どうなっていたでしょうか。メンバーの中には、本当に忖度をして、サービス残業に走る人がでてくるかもしれません。さらに、こうした状況が積み重なると、暗に不正を認める雰囲気が職場に広がり、あるいは、何かのきっかけで事実が表面化し、コンプライアンス上の大きな問題に発展する可能性があります。

　だとすれば、小野さんの発言は、むしろ、このように問題が潜在化する前に、その原因を取り除くきっかけになるという意味で、肯定的に受け止めるべきものです。また、そもそもの原点に立ち返れば、論理的に物事を考えることは、問題そのものを明らかにし、解決へと導くうえで基本となるものです。

　したがって、仮に、職場全体で、論理的な議論を好まず、ものごとを曖昧なままにして、問題の本質に触れることを避ける傾向があるとすれば、

そのこと自体が問題です。中野さんは、こうした職場の雰囲気に流されるべきではなく、逆に、そうした雰囲気を変えていくための取り組みを進めていく必要があります。ここでは、田村さんのような発言が会議の場で発せられ、それに対して異論を唱える人が小野さん以外いないことの裏にある本質的な問題、すなわち職場の組織文化のあり方についても、踏み込んで考えることが重要です。[視点⑦：「見えない力」を可視化する]

　しかしながら、だからといって小野さんの発言を、手放しで褒めるべきだとはいえません。小野さんのように、他者の発言に対して問題点を指摘するだけでは、単なる批判を述べているに過ぎません。人材育成という観点からは、中野さんとしては、小野さんにこの点を理解してもらうことが必要です。

　したがって、例えば、中野さんは、咄嗟に田村さんの発言を言いかえ、田村さんの発言における問題点を修正するだけでなく、一歩踏み込んで、「では、この無理難題に思える状況を乗り越えていくために、我々にできることは何か」といった問いを投げかけることで、本人に欠けている点への気づきを促すことが重要です。また、そうすることで、小野さんの発言を、残業問題における根本的な課題を検討するためのきっかけとして、活かしていくことができます。

問いを立てるC：上司の説得行為は適切か

　また、小野さんは、公私の区別が明確で、プライベートな時間を大切にします。このため、業務時間外の会社の懇親会には、基本的に参加しません。これに対して、中野さんは、強要するのではなく、参加によるメリットを伝えることで、参加を促しています。では、上司からの参加強要ではなく参加促進は、適切なことでしょうか。ここでまず気づくべきは、こうした中野さんの説得行為そのものに、「会社の懇親会には、できる限り参加すべきである」という前提が隠れている点です。[視点①「自分の見方」を俯瞰する]

そもそも業務時間外にどのような活動をするかは、いうまでもなく個人の自由にゆだねられるべきことです。「会社の懇親会に参加することと、家族や友人と時間を過ごすことと、どちらを優先すべきか」は、本人の価値観に関わる問題です。「やむを得ない事情がなければ、極力、懇親会を優先すべきだ」といった理屈は、これを主張する人の価値観を押しつけているに過ぎません。業務時間外であれば、懇親会への不参加が、「家族の誕生日だから」という理由であっても、単に「疲れが溜まっていて、家でゆっくりしたいから」という理由であっても、周囲からあれこれ言われる筋合いのことではないはずです。こうした個人の選択を制限することは、多様な価値観の否定につながります。

　また、中野さんは、会社の懇親会参加のメリットを説いていますが、このことは、懇親会への参加が、業務上必須とまでは言わなくとも、少なくとも業務上有益な社員間の交流や情報共有を目的としていることを意味しています。だとすれば、そもそも、会社目的の活動を業務時間外に行うことが適切か、そのものを問い直すことが必要です。例えば、育児や介護があるため、時間外の懇親会に参加したくても参加できない人がいるかもしれません。時間外の各種イベント実施は、その一部として業務目的を含む場合には、こうした人々に、ある種の不利益をもたらす可能性があります。
［視点④「二者間の関係」を客観視する］

　さらにいえば、懇親会については、いわゆる飲酒を前提とした場が設定されることが一般的ですが、アルコールを飲まない人々から見ると、こうした宴会の場は、どのように感じられるのかを想像することも必要です。ちなみに、頻繁な飲み会を部下に半ば強要してきたある企業幹部は、「自分自身が、健康上の理由で医師からアルコールを禁止され、飲み会の場で、お酒を飲まない参加者の気持ちが、はじめてわかった」と語っています。［視点⑤：「相手の主観」を理解する］

問いを立てるD：目的を実現する代替手段はないか

だからといって、時間外の懇親会やイベントをいっさい行ってはいけないと言っているわけではありません。大切なことは、働く人材の多様化に伴い、そうしたやり方が、個人の多様な価値観を否定し、あるいは、個人に不利益をもたらす場面が増えていることを認識すること。その上で、社員の交流や情報共有を促すために、どのような手段が最適なのかを、再考することです。少なくとも、多様性を受け入れ、それを活かそうとする企業にとっては、一部の人々にのみ不利益をもたらす状況を、できる限り生み出さないよう配慮を行うことは欠かせません。

仮に本当に業務上必要な活動であれば、小野さんが言う通り、業務の一環として、そうした場を設定することを検討する必要があります。実際、海外の企業を中心に一部の企業では、あえて職場を離れた場所に集まり、年度の方針説明に続き、チームビルディングのためのリクリエーション活動を行うなど、業務の一環として社員同士の親睦の場を設定しているケースを見かけます。要するに、社員の交流や情報共有という目的を果たすための手段は、懇親会だけではないのです。

問いを立てるE：何が部下の個性をつぶすのか

ここで、再び考えておくべきは、部署全体に働く見えない力です。論理的に物事をはっきりさせ、公私の区別を重んじる小野さんは、職場で浮いた存在と見られています。このことは、中野さんの職場では、小野さんのような突っ込んだ発言は、行うべきでない好ましくないものとしてとらえられている可能があります。また、「プレッシャーをかけるのは、やめて欲しい」との発言に見られるとおり、中野さんの行動は、暗に懇親会参加を強要する雰囲気を、組織内に醸し出している可能性があります。こうした職場の雰囲気は、組織圧力として作用し、異論を封じることで問題の顕在化を妨げる危険があります。実際、小野さんの発言がなければ、サービ

ス残業の芽が生まれる可能性があったことは、上述の通りです。また、小野さんの発言がなければ、懇親会への無言の参加圧力が続く可能性があります。［視点⑦：「見えない力」を可視化する］

　このように考えてくると、中野さんの「小野さんの個性が、本人の育成の妨げになるのではないか」という懸念自体、再考する必要があることがわかります。この点に気づかずに、異質な人材の受容と活用をという発想を欠いたまま、中野さんが指導を進めてしまうと、どうなるでしょうか。仮に小野さんが中野さんの指導に従えば、自分自身の個性を犠牲にし、つぶしてしまう危険性が生まれます。そうでなければ、中野さんへの反発を続け、最終的には職場を去ってしまうかもしれません。いずれにしても、小野さんの育成につながるわけではありません。同時に、部署全体としては、異論を封じる組織環境のもと、職場の多数派とは異なる人材を疎外し、組織への順応と忠誠ばかりに長けた人材を生み出してしまう恐れがあります。要するに、中野さんの育成に関する基本的な考え方そのものが、無意識のうちに異質なものを排除し、多様な人材の成長機会を奪ってしまう可能性があるのです。

エクササイズ④
ケース：「先輩で年上の部下」の育成を考える

　小川さんは、この春の昇進に伴い、同じ部内の隣の部署のマネジャーとして、4人の部下を持つことになりました。そのうちの1人中山さんは、もともと部署は違えども同じ部の2年先輩で、これまでも、何かと仕事上の関わりがあった人物です。

　こうした背景から、昇進に伴い中山さんが自分の部下になってからも、小川さんは、中山さんには、何かと気を使っています。例えば、仕事を割り振る際にも、上司からの命令といった印象を持たれないよう、敬語を交えながら低姿勢でお願いしています。これに対して、中山さんは、これまでのところ、あえて年齢についての意識は表面に出さず、淡々と仕事を進

めている様子が伺えます。

　一方、上司の立場で中山さんの今後を考えると、自分の仕事は一生懸命やるものの、周囲の人や仕事に興味を持たない点が気にかかります。例えば、中山さんは部署内では最も経験があり、本来なら若手メンバーに対する指導や支援を期待したいところですが、そのような行動はいっさい見られません。前任マネジャーからの引き継ぎでは、次のステップとして、中山さんはマネジャーになることを希望しており、この点を踏まえて本人の育成を考えると、中山さんが、もっと周囲にも関心を持ち、部署全体の成果創出への貢献を行うことは必要な条件です。

　小川さんは、中山さんの育成について、このような認識を持っているものの、マネジャーになりたての自分が、社会人として2年先輩にあたる中山さんに対して、上司ぶった態度をとることは避けたいと考えています。このため、小川さんは、これまでのところ、本人の改善点の指摘は控え、よいところをできるだけ褒め、中山さんを持ち上げながら、業務上の成果を出してもらおうとしています。

　果たして、小川さんは、中山さんの希望に沿って、マネジャー昇進へ向けた本人の育成を図っていくことができるでしょうか。

問いを立てるA：何が上司の指導育成を妨げるのか

　長期の雇用を前提に、年功的な人材登用と処遇を行ってきた企業では、新卒で入社した時点での上下関係が逆転することは少なく、過去において年上の部下を持つ機会は限られていました。しかしながら、成果主義重視の流れに伴い、年功的な運用が徐々に崩れていく中、近年では、年上の部下を持つことは、めずらしくなくなってきています。しかしながら、まだまだ年上の部下を持つ経験がはじめての上司も多く、年上の部下との関係性について、戸惑いを感じている管理職は少なくありません。

　このような戸惑いは、日本の社会全体として年上の人々を敬うことが尊ばれ、社会人になる前の学校生活においても、先輩後輩の関係が重視され

てきたがために、さらに大きなものとなっています。その結果、年上の部下に対して、必要以上に気を使い、本来は本人の育成へ向けて指導を行うべきところ、指導そのものを回避してしまう状況が、しばしば見受けられます。とりわけ、過去に先輩後輩といった上下関係があった相手の場合には、その時の関係性をそのまま引きずってしまう傾向が見られます。

　ここでの例でいえば、小川さんは中山さんに対して、敬語を使い低姿勢で接するだけではありません。育成上の課題を認識していても、その点について指摘することはなく、よい点だけを褒めるようにしています。これでは、中山さんの成長を促すことはできません。小川さんの意識の中では、いつの間にか、中山さんとの関係を良好に保つことが最優先の事柄となり、上司として本来行うべき成果創出と部下育成のための指導が、おろそかになっています。［視点①：「自分の見方」を俯瞰する］

　もちろん、過去の関係を考えれば考えるほど、先輩である中山さんに対して、正面から問題点を指摘することに、心理的な抵抗が生まれることは理解できます。しかしながら、そうした自分自身の感情の影響を受けていては、上司としての役割を果たすことができないことは明らかです。

問いを立てるB：上司は何を理解すべきか

　ここで思い起こしておきたいことは、組織上の役職における上下関係は、その組織における役割の違いを示しているに過ぎないということです。当然のことながら、会社組織で上位の役職にある人が、私生活においても、上位の立場にあるとは限りません。会社で偉い地位にある人が、必ずしも人間として偉い訳でもありません。

　したがって、小川さんが、上司として中山さんに指示指導を行うことは、これまで通り先輩として中山さんを敬う気持ちを持つことと、矛盾するものではありません。年下の上司が年上の部下に対して指示指導を行うことと、年下の人間が年上の人間を敬うことは、全く別のことです。小川さんは、自分の見方の中で、この点を混同してしまっています。その結果、中

山さんに対して必要な指導を回避しています。

　ここで、海外に目を転じてみると、このような状況は、年功的な昇進昇格を行ってきた日本企業に特有のものであることがわかります。もともと会社組織における上下関係と年齢との間に正の相関関係がなければ、年上の部下を持つことはめずらしいことではなく、そもそも小川さんが抱いているような意味での気遣いは必要ありません。[視点②：「他者の見方」を取り入れる]

　一方、小川さんが立場を変えて、中山さんの見方を想像することも、本人の育成のあり方を考えるうえで有効です。年下の上司を持つことになったら、部下は上司に対して、どのような見方をするのでしょうか。おそらく、後輩に先を越されたと思い快く思わない人、仕事上の事柄だと割り切って臨む人、全く気にしない人など、人により反応は異なります。したがって、中山さんの場合は、どのように考えているか、これまでの本人との関わり、および、上司になってからの相手の言動を見ながら、理解する努力が必要です。[視点⑤：「相手の主観」を理解する]

問いを立てるC：上司として果たすべき役割とは

　ここで大切なことは、上司として、年上の部下の側の気持ちを理解したうえで、部下との関わり方について、どの部分に気遣いが必要で、どの部分には必要ないかを見分けることです。同時に、組織上の役割としての上司という立場を考え、その役割を果たすのに十分な能力と人間性を養えることで、部下からの信頼を築き、実際にその役割を果たすことです。そうすれば、どの部下から見ても、少なくとも上司として非難される理由はなくなります。

　年下の上司が、部下に気を使って、本来なすべき指導育成を怠ることは、上司の役割を果たせないばかりか、部下からの信頼を失うことにもつながります。また、年下の上司が気を使い過ぎると、年上の部下の側も気を使い、互いに気遣いばかりが先行して、肝心の業務や育成が妨げられる

ケースがあることにも、注意が必要です。

　なお、小川さんのような気遣いが生まれる組織には、「年齢にしたがって、組織上の地位があがるのが当然だ。あがらないとすれば、本人の能力が足りないからだ」といった考え方が共有されていることがあります。しかしながら、こうした見方は、「自分の能力ではなく、自分の意志によって、昇進昇格を望まない」といった異なる価値観を否定する圧力になることを見落としてはなりません。同時に、たまたま何かの理由で、昇進のタイミングが遅くなった人材に対して、無能のレッテルを貼り、その人材の将来の成長可能性を奪うことにも、なりかねません。育成を担う上司の立場であれば、こうした組織文化の弊害を認識し変えていくことも、重要な役割の１つだといえます。[視点⑦「見えない力」を可視化する]

エクササイズ⑤
ケース：「再雇用契約で高年齢の部下」の育成を考える

　原田さんの部下の和田さんは、昨年定年を迎えましたが、会社の再雇用制度に基づき再雇用契約を交わし、現在は、定年前と同じ職場で働いています。再雇用に際しては、定年前に比べ組織における役割と責任の範囲を限定したうえで、定年までの間に培った知識やスキルを活かせる業務を担当することを確認しています。

　ところが、再雇用後、和田さんは「こんなに給与が下がっちゃあ、まじめにやってられないなあ」「どうせ、私は再雇用の扱いだからね」などと、何かと不満を述べることが多く、再雇用契約にあたって期待した成果はあがっていません。それどころか、最近は、周囲のメンバーに対して、仕事のやり方についての持論を述べながら説教したり、自分の過去の苦労話や成功談を長々と話したりする様子が見られるようになりました。

　このような状況に対し、職場のメンバーからは、「仕事の邪魔になるので何とかしてほしい」との苦情が出はじめています。原田さんは、「そもそも、定年を過ぎた部下に対して、指導や育成と言ってもナンセンスだ。

但し、他のメンバーに対する悪影響だけは防がなくては……」と考え、和田さんに対して、遠回しの表現で「職場で不満や昔話をするのは、メンバーのモチベーションに影響するので、控えてほしい」と伝えました。ところが、和田さんからは「少しでも自分の過去の経験が役立てばと思って、若い人たちに話をしているのに、周りへの話を控えるようにとは、心外だ」と反論してきました。

　原田さんは、和田さんからの反論に対し、どのように対処したらよいのでしょうか。また、本人の指導と育成については、どう考えていったらよいのでしょうか。

問いを立てるＡ：部下の発言の妥当性を、どのように考えるか

　企業における定年制は、日本では広く受け入れられている制度ですが、欧米の視点から見ると一種の年齢による差別としてとらえることができます。また、年功的な賃金体系が残る日本の現状においては、定年に伴う再雇用後の給与は通常下がりますが、このことは、裏を返せば、定年直前の給与水準が、年功的運用によって、従事している仕事に対し高すぎる状態になっていることを示しているともいえます。だとすれば、仮に役割と責任を限定しなくても、再雇用にあたって、年功を排した妥当な賃金水準を設定すれば、再雇用後の給与が下がるのは、むしろ当然のことだと考えられます。

　再雇用契約に際しては、まずは、自社の給与体系について理解し、その上で、契約の対象者に対して、給与設定に関する論理的な説明を行っておくことが、欠かせません。和田さんの「こんなに給与が下がっちゃあ、まじめにやってられないなあ」という発言が本心であれば、そもそも不当に低い給与で再雇用されていると、和田さんが誤解している可能性があります。少なくとも、再雇用契約にあたっては、雇用者である会社と被雇用者である本人との間で、契約条件が公正なものであることを確認合意しておくことが必要です。同時に、再雇用制度が、定年制という雇用慣行を前提

にしたものであるとすれば、再雇用制度が導入されたそもそもの背景やねらいについても、改めて理解しておかねばなりません。[視点⑧：「組織のしくみ」をとらえ直す]

問いを立てるB：部下への対応において、上司は何を考えるべきか

次に、原田さんは、高年齢の部下に対する育成の必要性を認めていません。もちろん、定年後再雇用の部下に対して、次世代経営人材としての成長を期待することは、非現実的かもしれません。しかしながら、人材育成のひとつの側面である「現在の仕事の遂行に必要な能力を身につける」という観点に立てば、比較的短期的な視点から、担当する業務における成果を拡大するために必要な知識やスキルを伸ばすべく指導を行うことをやめてはなりません。したがって、部下の問題点の改善についても、単に他の部下への悪影響を理由とした指摘を行うのではなく、本人が担うべき役割を遂行する上での必要性という観点から、本人への指導を行うことが求められます。

また、「どうせ、私は再雇用の扱いだから」という和田さんの発言に見られる通り、高年齢者や再雇用社員のいる職場で、しばしば起こりがちなのが、本人が自分の立場を意図的に見下すことで、本来担うべき役割まで放棄する姿勢です。こうした職場では、上司や他の部下も、「どうせ、あの人は再雇用だから」と、初めから再雇用者に対する期待を諦めてしまう雰囲気を醸し出していることが多々あります。和田さんの事例は極端だとしても、こうした職場の空気は、本人のモチベーションを挫いてしまう隠れた力になります。逆に、年齢に関わらず、再雇用者であっても、そこでの役割遂行への期待を伝え、そうした空気を職場に醸成することは、本人のモチベーションにプラスの影響を与えます。[視点⑦：「見えない力」を可視化する]

今後、日本においても、年齢差別に対する意識が高まれば、定年制とい

う考え方そのものの見直しが迫られるかもしれません。また、すでに触れたように同一労働同一賃金の進展により年功的な処遇運用が崩れれば、定年直前の給与水準が高すぎるという事象そのものもなくなります。中長期的には、これら企業組織を取り巻く環境変化を見据えたうえで、高年齢者への場当たり的な対応を避けた指導育成を考えていくことが重要です。[視点⑨：「組織を取り巻く変化」を押さえる]

問いを立てるC：非正規社員の育成を、いかに考えるべきか

では、再雇用以外の非正規社員と呼ばれる人々の育成については、どのように考えればよいのでしょうか。ここでは、期間の定めのない雇用契約のもとにある社員を正規社員、契約期間の定めのある社員を非正規社員として区分し、契約社員、パートタイマー、アルバイトを非正規社員としてとらえておきます。

ここで、非正規社員についての育成を考えるにあたっては、それぞれ雇用形態の違いにより、組織において期待する役割が、どのように異なるかを押さえておくことが出発点です。というのも、期待役割が異なれば、そこでの育成方針も、変わってくるからです。

例えば、予定期間が明確な育児休職の欠員を一時的に補完するために、契約社員やアルバイトを採用している場合は、期間満了後は、会社を離れることを前提としていることから、採用後の育成というよりは、即戦力として期間内に必要な成果を生み出してもらうことが、重要視されるべきです。一方で、本人の成果次第で、契約更新の可能性が高い場合は、短中期的な視点からの育成を考えておく必要性が生じます。もちろん、どちらの場合も、現職を遂行するために必要な能力の改善という意味での育成指導は、欠かすべきではありません。

一方で、世の中の変化を踏まえると、現時点での雇用区分の意味合いが変わってくる可能性についても、考えておく必要があります。今後、解雇の金銭解決ルールが法的に明確になれば、正社員に対する雇用保障が弱ま

り、労働市場の流動性は高まっていきます。また、同一労働同一賃金の進展に伴い、雇用形態による処遇格差が狭まれば、正規社員であることのメリットの多くが消滅します。そうなれば、会社としても、従業員としても、正規社員という雇用区分そのものの意味合いが、薄れていくことになります。

このように考えると、そもそも単純に雇用形態によって、育成のあり方を分類することに、どのような意味があるか、問い直すことが重要です。会社として、どのような背景と理由から雇用形態を定め、おのおのの雇用形態について、現在と将来において、どのような役割を期待するのか。この点を明らかにすることが、雇用形態を踏まえた人材育成を考えるうえでの基本となります。［視点⑨：「組織を取り巻く変化」を押さえる］

付録A：多面思考力を養うための3つの提案 （どうすれば多面思考力が身につくか）

　本書では、企業における人材育成を軸に、多面思考の考え方を提示してきました。一方で、こうした多面思考力を養うためには、ビジネスにおける人材育成の場に限らず、こうした考え方を日常的に取り入れ、強化していくことが早道です。そこで、ここでは、効果的に多面思考を養うために、日常の経験の中でできる事柄を、相異なる3つの角度から示します。

【提案1：あえて自分を疑う】

①"自分に対する問い"を立てる"

　人間は、質問をされると考えます。したがって、自分の見方や考え方に関して、常に問いを立てる習慣をつくることは、自らの考えを深めるために有効です。ここでは、しばしば論理思考で活用される問いを、自分自身への問いかけとして具体化し、以下、「自分に対する5つの問い」として示します。

　(1) Why?：なぜ、私は、そのように物事を考えるのか？

　(2) So what?：私の発言は、何を意図しているのか？

　(3) What if?：もし〇〇の立場だったら、どのように考えるのか？

　(4) What else?：それ以外に、他の見方や考え方はないのか？

　(5) How?：私は、どのようにして、そのような考え方に至ったのか？

②"疑うべき前提"を意識する

　これまで多く見られた日本企業の隠れた前提を意識しておくことは、前提の変化に適切に対応するうえで有効です。ここでは、過去に機能していたものの、今日では機能しなくなってきている前提の中から、代表的な7つの"疑うべき前提"をあげておきます。

　(1)異なることは不自然である　［→同じであることが正しい］

　(2)上司は部下よりも正しい　［→上位者は正しい判断ができる］

(3)忠誠と努力は評価に値する　［→頑張ることは美徳である］

(4)言わなくてもわかるはずだ　［→阿吽の呼吸は成立する］

(5)前例と規則には従うべきである　［→これまでのやり方は有効だ］

(6)失敗は悪である　［→チャレンジとリスクは回避すべきものだ］

(7)現状を維持すれば問題はない　［→現在の延長線上に未来はある］

【提案2：違いに学ぶ】

①"異なる情報"にアクセスする

　人には、自分に心地よい情報を積極的に受け入れ、見たくない情報を遮断しようとする傾向があります。とりわけ、これまでの自分の物の見方や考え方の枠組みの中で対処できない情報は、除外しようとしがちです。逆に言えば、これまでとは異なる情報にアクセスすることは、自分の枠組みを超えた新たな物の見方や考え方を取り入れるきっかけになります。ここでは、"新たな情報"を通じて、異なる見方や考え方を学ぶための3つの方法に触れます。

(1)日常的に自分が情報を得ている情報源（例えば、新聞、テレビ、ネットニュース、SNS など）を棚卸し、異なる視点を持った新たな情報源（例えば、海外メディアの情報にもアクセスするなど。BBC、CNN など、日本語サイトのある海外メディアもあり）を加える。

(2)自分が関心を持ちやすい情報分野（例えば、政治、経済、社会、スポーツなど）を特定し、あえて関心の薄い分野の情報に接する。

(3)情報源の違いによる情報のとらえ方の違いを考える（例えば、同じ出来事に関して、異なるテレビ局や新聞社、あるいは、国内と国外のメディアの取り扱い方を比較するなど）。

②"異質"に接する

　自分とは異なる人々や環境に接することは、自分自身の特徴を理解するとともに、異なる物の見方や考え方を体験的に学ぶためには、最適な方法です。以下、代表的な方法を例示します。

(1)社内の異なる人々と接する（例えば、機能や事業が異なる他部門、世代や職位レベルが異なる人々）

(2)社外の異なる人々と交流する（例えば、同業他社や他業種、公開セミナー・学会・研究会の活用など）

(3)国籍や文化が異なる人々との接点をつくる（海外経験者、外国人など）

(4)日常とは異なる場に身をおく（公私を問わず海外渡航する、地域や趣味の集まりに参加する、自らが少数派となる集団に属するなど）

【提案3：教養（リベラルアーツ）に親しむ】

①"自分を制約する枠"に気づく

　ここで教養（リベラルアーツ）とは、ある特定の目的に対して役立つ手段を得るためではなく、自由で独立した人格を築くために、目的そのものを探求する学問（芸術・人文科学・社会科学・自然科学の基礎分野など）を指します。教養に親しむことは、目的を定めるための基礎となる自分自身の価値観を見つめ直し、自分を制約している自分自身の内面の枠に気づくための貴重な機会を提供してくれます。また、他者の異なる価値観についての理解を深めるためにも有効です。

②"感性"を磨く

　教養の中でも、とりわけ文学や芸術の世界に親しむことは、想像力を鍛え、"感性"を磨くために効果的です。例えば、小説を読み、美術や音楽に接することは、非日常的世界における感情移入を伴う疑似体験を促し、自分とは異なる他者の主観を理解するための感覚を研ぎ澄ましていくことにつながります。

付録B：多面思考を磨くための読書案内

　付録Aで述べた通り、多面思考を磨くためには、教養に親しむことが重要です。したがって、ビジネス書だけでなく、教養に関する幅広い読書は有益です。しかしながら、膨大な教養書から網羅的に良書を紹介することは、そもそも現実的ではないと同時に、言うまでもなく筆者の力量を大きく超えた作業になります。そこで、ここでは、個人的体験の制約を承知の上で、あえて筆者自身が、これまで自己の思考の偏りに気づき、より多面的な思考の枠組みを再構築する基礎となった書籍を、できるだけ異なる分野から幅広く計10冊選び、推薦する理由と活用の視点を添え、ピンポイントで紹介します。

　書籍の中には、それが記された時代背景を色濃く反映した内容、あるいは、そこでの主張そのものに論議を呼ぶ内容を含むものもありますが、多面思考を磨くという観点からは、各々の主張そのものに同意するか否かにとらわれるのではなく、そこに示されたものの見方や考え方、あるいは、思考の枠組みやプロセスから学びや発見を得ることを主眼として、読み進めることが効果的です。

　読者の方々が、興味を持った書籍にひとつでも手を伸ばし、そこを契機として自分自身の思考の世界を広げ、多面思考を磨くきっかけとされることを願っています。

■マルクスアウレーリウス著（神谷美恵子訳）
『自省録』岩波文庫（2007年）

　ローマ帝国の五賢帝の一人・マルクスアウレーリウスが、自分自身の内省のために残した記録の一部がまとめられたものです。ローマ皇帝としての多忙な日々の活動の中で、いかにして自分自身を見失うことなく思索の精神を持ち続け、一歩立ち止まって自己を振り返っていったのかを学ぶことができます。自分自身を俯瞰して見るために必要な考え方を養い、さら

には、内省を通じた個人の成長への考察を深める上で有益な一冊です。

■ジョン・ロールズ著（川本隆史ほか訳）
『正義論』改訂版、紀伊國屋書店（2010 年）

社会における「正義とは何か」を探求した政治哲学に関する大著です。同書の中でロールズは、「無知のヴェール」（自分と他者の立場について全く知識を持っていない状態）という概念を提示し、「無知のヴェール」におおわれた状態であれば、人は自分の利益に基づく判断から離れ、正義に関する合理的な選択を行えるという考え方を示します。こうした思考のあり方は、特定の利害にとらわれた一面的なものの見方を回避し、公正な視点から物事を考えるために役立ちます。また、全体を通じ、社会のあり方との関わり中で、「ビジネスにおける公正な判断とは何か」を再考する上で、深い示唆を与えてくれます。

■ダニエル・カーネマン著（村井章子訳）
『ファスト＆スロー（上）・（下）』早川書房（2012 年）

人は合理的に行動するという仮定に基づく伝統的な経済学に対し、人間の心理的側面を踏まえた研究を行う行動経済学発展への貢献から、心理学者である著者は、ノーベル経済学賞（2002 年）を受賞したことで知られています。本書は認知心理学での知見を基に、認知的錯覚をテーマとしていますが、人間の意思決定における不合理性を理解し、自分自身のものの見方の歪みを知るうえで格好の書です。直観的思考と意識的思考の働きの違いを知り、感情と論理の両面から物事を考えることの必要性を学ぶことができます。

■八代尚宏著、『働き方改革の経済学』日本評論社（2017 年）

経済成長時代に高い有効性を示した日本的な雇用慣行の多くが、グローバル化と多様化の中で、その限界を露呈し始めています。こうした現状に

対し、同書は、定年退職制度の本質を「60 歳に定年という画一的な解雇制度」という明快な言葉で表現するなど、これまでの日本企業の思考の枠組みを超えた様々な視点を提供してくれます。同書を通じて、外部環境変化に対し、企業が行うべき人材組織面での対応を考えるための新たな視点を数多く得ることができます。

■マックス・ウェーバー著（清水幾太郎訳）
『社会学の根本概念』岩波文庫（1972 年）

　社会学者マックス・ウェーバーの遺稿論文の一つで、書名に示されるとおり、社会学に関する根本的な考え方を示した一冊です。同書は、鋭い切り口から、有用性の高い諸概念を明確化していきます。例えば、社会的行為として示された四類型（目的合理的行為、価値合理的行為、感情的行為、伝統的行為）は、人の行為を多面的に理解するための助けになります。また、目的合理性と価値合理性の峻別は、前者の思考が支配的になりがちなビジネスの世界において、多様化する価値観の受容を考える上で、欠かせないものだといえます。

■エーリッヒ・フロム著（日高六郎訳）
『自由からの逃走』東京創元社（1952 年）

　社会と個人の視点から「自由の意味」について問い直した書籍です。国家社会と個人の問題を中心に扱っていますが、そこで示される本質的な見方は、企業における組織と個人のあり方を多面的に考えるうえで役立ちます。特に、リーダーとフォロアーとの関係性について、権力への服従や依存の意味合いをとらえ直し、部下に対する上司のあり方を異なる角度から考え直すうえで、大きな示唆を与えてくれます。

■レヴィ＝ストロース（川田順造訳）
『悲しき熱帯Ⅰ・Ⅱ』中央公論新社（2001 年）

　文化人類学者レヴィ＝ストロースが 1930 年代に行ったブラジル内陸部調査に関する回顧的体験記です。同書は、当時根強く残っていた西洋を中心とした見方に縛られることなく、ブラジルの少数民族をとらえようとしており、自らを取り巻く支配的なものの見方や考え方を鵜呑みにすることなく、自らの思考の枠組みを築いていくために必要な視点を示してくれます。また、洋の東西を問わず、人間が異質な人々に触れるときの自分自身のあり方について、固定観念を離れ問い直すうえで、多くの気づきを与えてくれます。

■中根千枝『タテ社会の人間関係』講談社現代新書（1967 年）

　社会人類学の視点から、日本社会の根底に潜む社会構造をわかりやすく解説しています。企業組織における人間関係をめぐる様々な現象面での特徴について、本質的な問題を見極めるために、今日でも有効性の高い汎用的な視点を提供してくれます。グローバル化と多様化が進展する現代において、日本の企業組織が直面するチャレンジの裏にある根本的な課題を認識し、その克服法を考える上で、貴重な考え方を示してくれます。

■加藤周一『雑種文化』講談社文庫（1974 年）

　日本文化の特徴について、既成概念に惑わされることなく、事実に基づきとらえようとするものの見方は、合理的精神に支えられた偏りのない思考のあり方を学ぶために有益です。とりわけ「日本文化の雑種性」を論じた章では、自ら属する集団の思考の枠組みを乗り越え、既存の見方に反する現実を直視するとともに、そこに積極的な意義を見出すなど、集団の一員として陥りがちな思考の罠を回避するための考え方を明快に示してくれます。

■ジョセフ・L・バダラッコ著（金井壽宏監訳）

『「決定的瞬間」の思考法』東洋経済新報社（2004 年）

　正しいことと正しいことの間で、どのような選択を行うか。意思決定者自身が自らの価値観を問い直すことの意味合いについて探求しています。同書で取り上げられた３つの実例は、日本社会の文脈の中では理解が難しい側面を含んでいますが、それだけに、自分自身の価値観を改めて見つめ直すことに加え、自分とは異なる価値観を持つ他者を理解し、多様な価値観を尊重していくための感性を磨くために、多くの気づきを促してくれます。

参考文献

本書は、読みやすさと実践的な活用を優先し、本文の中では、あえて文献の引用や紹介を控えて議論を展開しています。以下は、本書で示した考え方のベースとなる主な参考文献です。本書の内容に関連する概念や理論への理解を深めたい読者は、これらの文献を参照することをお薦めします。

- ヘンリー・ミンツバーグ著（奥村哲史他訳）『マネジャーの仕事』 白桃書房、1993 年
- ヘンリー・ミンツバーグ著（池村千秋訳）『マネジャーの実像』 日経 BP、2011 年
- ヘンリー・ミンツバーグ著（池村千秋訳）『エッセンシャル版 ミンツバーグマネジャー論』 日経 BP、2014 年
- ジョセフ・L・パダラッコ著（金井壽宏監訳）『「決定的瞬間」の思考法』 東洋経済新報社、2004 年
- ジョセフ・L・パダラッコ著（山内あゆ子訳）『ひるまないリーダー』 翔泳社、2014 年
- モーガン マッコール著（金井壽宏監訳）『ハイ・フライヤー』 プレジデント社、2002 年
- ラム・チャラン他著（グロービス・マネジメント・インスティテュート訳）『リーダーを育てる会社つぶす会社』 英治出版、2004 年
- ノエル・M・ティシー著（一條和生著）『リーダーシップ・エンジン』 東洋経済新報社、1999 年
- ノエル・M・ティシー他著（一條和生著）『リーダーシップ・サイクル』 東洋経済新報社、2004 年
- E. H. シャイン著（稲葉元吉他訳）『プロセス・コンサルテーション』 白桃書房、2002 年
- E. H. シャイン著（金井壽宏監）『企業文化』 白桃書房、2004 年
- シンシア. D. マッコーリー他著（グロービス・マネジメント・インスティテュート訳）『仕事を通じたリーダーシップ開発 1 －成長機会の探求－』 英治出版、2004 年
- マキシン・ダルトン著（グロービス・マネジメント・インスティテュート訳）『仕事を通じたリーダーシップ開発 2 －学習方法の考察－』 英治出版、2004 年
- ハワード・ガードナー著（松村暢隆訳）『MI：個性を生かす多重知能の理論』 新曜社、2001 年

- スティーブン・R・コヴィー著（ジェームス・スキナー、川西茂訳）『7つの習慣』 キングベアー出版、1996 年
- 苅谷剛彦著 『知的複眼思考法』 講談社、2002 年
- 八代尚宏著 『働き方改革の経済学』 日本評論社、2017 年
- 鶴光太郎 『人材覚醒経済』 日本経済新聞出版社、2016 年
- 玄田有史著 『雇用は契約』 筑摩書房、2018 年
- 大和田敢太著 『職場のハラスメント』 中公新書、2018 年
- 山岸俊夫著 『信頼の構造』 東京大学出版会、1998 年
- 大島洋著『管理職の心得』 ダイヤモンド社、2010 年
- Jeffrey Pfeffer (1994) *Competitive Advantage Through People*, Harvard Business School Press
- Morgan W. McCall, Jr., Michael. M. Lombardo, Ann M. Morrison (1988) *The Lessons of Experience*, The Free Press
- Morgan W. McCall, Jr., George P. Hollenbeck (2002) *Developing Global Executive The Lessons of International Experience*, Harvard Business School Press
- Maxine Dalton, Chris Ernst, Jennifer Deal, Jean Leslie (2002) *Success for the New Global Manager*, Jpssey-Bass
- Jennifer J. Deal (2007), *Retiring the Generation Gap*, Jossey-Bass
- Philip R. Harris, Robert T. Moran, eds., (1991) *Managing Cultural Differences 3rd Edition*, Gulf Publishing Company
- Cynthia D. McCauley, Russ S. Moxley, Ellen Ellen Van Velsor, Editors (1988) *The Center for Creative Leadership Handbook of Leadership Development*, Jossey-Bass Publishers
- Todd L. Pittinsky, eds., (2009) *Crossing the Divide: Intergroup Leadership in a World of Difference*, Harvard Business Press
- David A. Thomas and Robin J. Ely. "Making Differences Matter". *Harvard Business Review* September-October 1996
- Robin J. Ely. Debra E. Meyerson, and Martin N. Davidson, "Rethinking Political Correctness", *Harvard Business Review* September 2006

おわりに

　ヒト、モノ、カネ、情報という経営資源が国境を越えて動くグローバル化の波の中で、日本社会においても、人材の多様化への対応は、避けてとおることのできない重要な課題となっています。こうした動きに対して、日本の企業は、どのような選択を行おうとしているのでしょうか。仮に、こうしたチャレンジを正面から受け止め、グローバルな競争環境の中での生き残りを図るのであれば、これからの時代、企業の長期的発展の基盤を築くうえで、1人ひとりが異なる人間であるという現実を直視したマネジメントが欠かせないと言えます。

　しかしながら、実際の企業の現場を見ると、こうした個の違いを尊重する取り組みに対する反発や抵抗が、時に意識的に、時に無意識のうちに、あらゆる場面で見え隠れする現実があります。どこの社会においても、そもそも人間は、これまでのやり方を変えることに抵抗を持つものだということを考えれば、こうした状況は必然なものかもしれません。

　一方で、このような現状に対し、われわれは、どう対応していくべきなのか。経営者、ならびに、管理職は、こうした変化にいかに向き合っていくのか。そこでの変化に対する行動の積み重ねこそが、これからの企業の存続を左右するのではないか。だとすれば、現状の取り組みは、形式的かつ表層的なレベルにとどまっていないか。このままでは、バブル崩壊以降、失われ続けている年月を、永久に取り戻すことができないのではないか。この状態を克服するためには、大胆な発想の転換が必要ではないのか。

　このような問題意識のもと、本書では、人材の多様化という変化をチャンスととらえ、事業の基盤となる人材の育成について、多面思考を取り入れ、根本的な考え方の転換を図り、新たな一歩を踏み出すための足がかりを示そうと試みました。そこには、単なる効率の追求でなく、新たな価値創造による効果の拡大の観点から、人材の多様性を活かすことが、企業の経済的価値を高めるための必須の要件であること。同時に、社会的価値観

の変化に伴い、多様性を受け入れることが、企業の社会的責任を果たす上での必要条件となってきていること。これら2つの基本認識があります。

こうした考え方に基づき、本書では、多かれ少なかれ日本的雇用慣行の色彩を残す企業で生じやすい事例とその問題点を数多く取り上げています。ただし、そこで意図したことは、当然のことながら、現状を悲観的、否定的に示すことではありません。むしろ、人材育成に関わる諸問題を正しく認識分析するための考え方の枠組みや道筋を提示し、問題解決へ向けたあらたな可能性を生み出すことです。

個々の事例で示した具体的考え方については、おそらく日本的雇用慣行に慣れ親しんでいればいるほど、違和感を抱くかもしれません（一方で、既に多様な価値観に慣れていれば、それらの考え方は、あたりまえのことである可能性があります）。しかしながら、理想と現実との乖離に悩みながらも、多面思考を活用した新たな発想を取り入れる。実際に機能しそうな人材育成の打ち手の実践を試し、その有用性を体感する。こうした行動の積み重ねによって、そうした違和感は過去のものとなっていくに違いありません。同時に、そうしたプロセスを重ねることで、多面思考力は磨かれていきます。

人には個性があり、1人ひとりが異なることにこそ、他には代えがたい人間としての価値があります。それぞれの違いを活かし、企業目標達成へ向けた新たな価値創造につなげていくこと。同時に、誰もが、公正な機会のもと、いわれなき不利益を受けることなく、各人の自由な意志に基づき働くことができる社会の実現に寄与すること。これら2つの視点を踏まえ、企業としての人材育成に取り組んでいくことが、これからの時代、企業成長へ向けた人的基盤づくりの鍵となるのではないでしょうか。

本書は、人材組織開発という共通のテーマをめぐり、ともに悩み協働してきたクライアントやパートナー、さらには、問題意識を共有する数多くの仲間との関わりがなければ、この世に出ることはありませんでした。ま

た、ビジネスや人材育成というテーマを超え、多面的なものの見方や考え方の基礎を築くうえでは、大学時代の社会学との出会い、中でもゼミの恩師からの薫陶は、かけがえのないものであり続けています。さらに、マイノリティとして過ごした2年間の米国での留学生活は、それまで概念にとどまっていた多様性の理解に、体験に基づく実態を与えてくれました。これらの活動や出来事において、関係したすべての方々に対して、深く感謝申しあげます。

　最後に、執筆にあたっては、企画段階から刊行に至るまで、日本経済新聞出版社、元編集部長（現出版ユニット長・執行役員）・白石賢氏、編集部・野崎剛氏から、数多くのアドバイスと支援をいただきました。この場を借りて、厚く御礼申しあげます。

2018年7月

大島 洋

【著者略歴】

大島 洋（おおしま・よう）

ILD代表。早稲田大学大学院経営管理研究科（早稲田大学ビジネススクール）客員教授。慶應義塾大学法学部政治学科卒業。米国デューク大学経営学修士（MBA）。NEC、グロービスを経て、ILD（Institute for Leadership Development）を設立。現在、同社代表として、"人材組織を通じた持続的競争優位の確立"をテーマに、人材組織開発コンサルティング、エグゼクティブコーチング、ならびに、経営管理者教育を展開。早稲田大学ビジネススクールでは人材組織関連科目を担当。専門は経営組織論およびリーダーシップ論。著書に『管理職の心得—リーダーシップを立体的に鍛える』（ダイヤモンド社）、共著書に『個を活かし企業を変える』（東洋経済新報社）、『標準MOTガイド』（日経BP社）。訳書に『仕事を通じたリーダーシップ開発1—成長機会の探求』『仕事を通じたリーダーシップ開発2—学習方法の考察』（いずれも英治出版）がある。

ビジネススクールで学ぶ人材育成

2018年8月22日　1版1刷

著　者　　大島　洋
　　　　　©Yo Oshima, 2018

発行者　　金子　豊

発行所　　**日本経済新聞出版社**
　　　　　東京都千代田区大手町1-3-7　〒100-8066
　　　　　電話　（03）3270-0251（代）
　　　　　http://www.nikkeibook.com/

印刷・製本／三松堂
本文DTP／マーリンクレイン
ISBN978-4-532-32215-1